Jörg Bauer

Biblische Andachten für Christen und Interessierte

Jörg Bauer

Biblische Andachten für Christen und Interessierte

Jesus Christus im Mittelpunkt

Fromm Verlag

Imprint

Cover image: www.ingimage.com

Publisher:
Fromm Verlag
is a trademark of
International Book Market Service Ltd., member of OmniScriptum Publishing Group
17 Meldrum Street, Beau Bassin 71504, Mauritius

Printed at: see last page
ISBN: 978-613-8-35265-5

Göttliche Traurigkeiten

„Denn wenn ich euch auch durch den Brief traurig gemacht habe, reut es mich nicht. Und wenn es mich reute - ich sehe ja, dass jener Brief euch wohl eine Weile betrübt hat -, so freue ich mich doch jetzt nicht darüber, dass ihr betrübt worden seid, sondern darüber, dass ihr betrübt worden seid zur Reue. Denn ihr seid betrübt worden nach Gottes Willen, sodass ihr von uns keinen Schaden erlitten habt. Denn die Traurigkeit nach Gottes Willen wirkt zur Seligkeit eine Reue, die niemanden reut; die Traurigkeit der Welt aber wirkt den Tod. Siehe: eben dies, dass ihr betrübt worden seid nach Gottes Willen, welches Mühen hat das in euch gewirkt, dazu Verteidigung, Unwillen, Furcht, Verlangen, Eifer, Bestrafung! Ihr habt in allen Stücken bewiesen, dass ihr rein seid in dieser Sache".

2. Korinther 7, 8-11

Wie schnell sagt man daher: *"Tut mir leid"*! Aber meint man es wirklich so? Ist es vielleicht nur eine Floskel um Wogen zu glätten? Was einem tatsächlich leid tut, das spürt man unangenehm. Es ist ein seelischer Schmerz und ein tiefes Bedauern. Man ist tief berührt über sein eigenes Verhalten und Versagen oder das Unglück anderer. Für manche sind es aber möglicherweise auch nur eine *"temporäre Erscheinung"* und eine vorbeirauschende Nebensächlichkeit, die man nicht wirklich registriert. Echte Reue ist nicht selten das Ergebnis eines inneren Zerbruches. Auch ein Eingestehen eigener Unzulänglichkeiten (Stolz, Besserwisserei, Geiz, Egoismus, Lieblosigkeit, Unglaube etc.). **Echte Reue bewirkt letztlich eine Befreiung von sündigen Gewohnheiten - nicht weniger.** Ansonsten ist unsere Reue nur oberflächlich und schnell vergessen. Paulus Brief an die Gemeinde in Korinth war deutlich, denn er legte den Finger in die Wunde und deckte deren Bereitschaft zu manchen faulen Kompromissen schonungslos auf. In 2. Korinther 6,14 lesen wir: *"Zieht nicht am fremden Joch mit den Ungläubigen. Denn was hat die Gerechtigkeit zu schaffen mit der Ungerechtigkeit? Was hat das Licht für Gemeinschaft mit der Finsternis?"* - Ungläubige waren in diesem Fall Götzendiener und entsprechend fragte Paulus: *"Was hat der Tempel Gottes gemein mit den Götzen"* (Vers 16)? Von Reue ist auch die Rede, wenn man einen Wechsel der Gedanken und Taten vollzieht. Sie bekommt dann einen Wert, wenn Gott durch den Heiligen Geist überzeugt, aufklärt und auf die Dinge hinweist. Wahre Reue ist ein Geschenk Gottes - Römer 2,4: *"Oder verachtest du den Reichtum seiner Güte, Geduld und Langmut? Weißt du nicht, dass dich Gottes Güte zur Buße leitet"*? Es ist schmerzlich, aber gleichzeitig auch ungemein tröstend und befreiend, wenn man Gott so richtig und wahrhaftig sein Herz ausschütten kann und will. Wenn aller Frust, jede bekannte Schuld und alles Versagen einem von der Seele genommen wird, indem man es offen bekennt - 1. Johannes 1,9: *"Wenn wir aber unsre Sünden bekennen, so ist er treu und gerecht, dass er uns die Sünden vergibt und reinigt uns von aller Ungerechtigkeit"*.

Man kann leider auch schnell dahersagen: *"Vergib mir meine Schuld"* - aber die Frage muss gestellt werden, ob man dies aus eigenem Antrieb macht, oder weil Gottes Geist einen dazu treibt? Ist es göttlichen oder weltlichen Ursprungs? Ist es eine fromme

Pflichtübung, weil man in der Gemeinde und der Familie so erzogen ist? Steckt wirklich Reue und Schuldeinsicht dahinter? **Ich muss für mich selbst feststellen, daß je länger ich Christ sein darf, desto weniger halte ich von mir selbst.** Und umso mehr Bedeutung hat für mich die Vergebung meiner Sünden durch Jesus Christus, meinen Heiland. Das war anfangs nicht so. Da war ich bereit Bäume auszureissen und habe mich selbst noch nicht gekannt. In meinem Denken ist mit den Jahren eine Veränderung eingetreten. Sich als erlösten Sünder zu sehen, der es nach wie vor sehr nötig hat, täglich von der Gnade und Geduld Gottes zu leben, bedeutet nun nicht depressiv, traurig, humorlos, verzagt, zynisch oder ängstlich zu werden oder zu sein. Man kann dennoch selbstbewusst auftreten und den Leuten in die Augen schauen. Wir müssen keine künstliche Demut zur Schau tragen, sondern können das lebendige Beispiel dafür sein, daß die Kraft und Freude unseres Lebens, allein im Evangelium und der Person Jesus Christus begründet ist - egal was vorher war und wo wir noch immer unsere Probleme und Nöte haben. Und wenn man manchmal nachdenklich, still und nüchtern ist, muss das nicht bedeuten, daß man alles negativ sieht. Echte Reue schlägt Wellen, und wenn wir für andere Menschen beten, dann sollten wir Gott darum bitten ihnen Buße zu schenken die Wahrheit zu erkennen (2. Timotheus 2, 24-26). Denn alles schreiben und predigen nützt nichts, wenn Gott in seiner Güte keinen Raum zur Buße schenkt. Daß dies so ist und sein muss, hat auch etwas mit dem Wert der Reue zu tun, denn der kommt allein von Gott, unserem ewigen Vater im Himmel. Daran erkennen wir den Wert wahrer Reue: *"...eben dies, dass ihr betrübt worden seid nach Gottes Willen, welches Mühen hat das in euch gewirkt..."*.

Mangel an Sehnsucht

"Wenn jemand seinen Willen tun will, so wird er von der Lehre wissen, ob sie aus Gott ist, oder ob ich aus mir selbst rede".

Johannes 7,17

William McDonald sagte einmal: *"Was oft zwischen uns und einem wirklichen Erkennen der Gedanken Gottes steht, ist unser Mangel an echter Sehnsucht danach"*. Wenn ich mich hier selbst prüfe, muss ich zugeben, daß in manchen Bereichen meines Lebens mein Ehrgeiz etwas richtig gut und ordentlich zu machen, nicht immer so ausgeprägt ist, wie es sein könnte. Gerade wenn es um Befriedigung der eigenen Sehnsüchte geht, macht man nicht selten Kompromisse und ist bereit, es nicht so genau zu nehmen. Nicht selten geben wir uns, was das Glaubensleben betrifft, mit einer gewissen Mittelmäßigkeit zufrieden. Lesen wir einmal die biblische Verheissung in Matthäus 6,31-33 lesen: *"Darum sollt ihr nicht sorgen und sagen: Was werden wir essen? Was werden wir trinken? Womit werden wir uns kleiden? Nach dem allen trachten die Heiden. Denn euer himmlischer Vater weiß, dass ihr all dessen bedürft. Trachtet zuerst nach dem Reich Gottes und nach seiner Gerechtigkeit, so wird euch das alles zufallen"*. Ist es nicht allzu oft so, daß wir uns eben doch zuerst nach Essen, Trinken, Kleidung und unserem Wohlergehen ausstrecken, bevor wir überhaupt imstande sind geistliche Nahrung zu uns zu nehmen? Oft ist es doch so, daß wir zuerst einen bestimmten Grad an Befriedigung, Zufriedenheit, Sicherheit,

Sorglosigkeit, Entspannung und Versorgung anstreben und suchen, bevor wir uns mit der Sehnsucht nach Gottes Willen überhaupt beschäftigen. **Da ist meist kein Platz für Sehnsucht - wir sind zu sehr damit beschäftigt unsere Güter zu verwalten oder einzufangen.** Dem König David (einem Mann nach dem Herzen Gottes) war es ein Herzensanliegen Gott zu suchen und IHN sogar auf seine Verheißungen hinzuweisen: *"HERR, höre meine Stimme, wenn ich rufe; sei mir gnädig und erhöre mich! Mein Herz hält dir vor dein Wort: »Ihr sollt mein Antlitz suchen.« Darum suche ich auch, HERR, dein Antlitz"* (Psalm 27,7-8). Wenn wir uns wirklich nach Führung, Wegweisung, Korrektur und Gottes Willen ausstrecken und Antworten suchen, wird Gott sich nach seiner Verheißung auch finden lassen und zu uns sprechen. Sei es durch sein Wort in der Bibel, durch andere Christen, durch Umstände und so weiter. Die Frage ist nur, ob wir es wirklich wollen, oder nur unsere eigene Stimme hören und zuerst unseren fleischlichen Sehnsüchten folgen?

Der Prophet Jeremia schreibt in Kapitel 29, Verse 12-14: *"Und ihr werdet mich anrufen und hingehen und mich bitten und ich will euch erhören. Ihr werdet mich suchen und finden; denn wenn ihr mich von ganzem Herzen suchen werdet, so will ich mich von euch finden lassen, spricht der HERR..."*. Vielleicht haben wir diese Sehnsucht Gott zu finden nicht, wenn es uns zu gut geht? Vielleicht geben wir uns zu schnell mit einem weniger geistvollen Leben zufrieden, solange wir *"unsere Schäfchen im Trockenen"* haben? Sicherlich wollen wir das so nicht wirklich und ein von neuem geborener gläubiger Mensch sehnt sich auch nach mehr Verbindlichkeit und Nähe zu Gott. Wen der Geist Gottes treibt (im positiven Sinne), der ist ein Kind Gottes (Römer 8,14). **Aber unser Fleisch ist unwillig obwohl der Geist sich nach *"mehr"* sehnt (Markus 14,38).** Es ist unsere tägliche Entscheidung (im kleinen wie großen) welchem Impuls ich nachgebe. Es geht nicht stets um lebensentscheidende oder auch heilsnotwendige Dinge, aber immer um mein praktisches Leben und mein geistliches Wachstum und Verständnis. Durch Unwissenheit, Trägheit, Desinteresse, Fahrlässigkeit, Faulheit, Müßiggang usw. mache ich mir meinen Alltag in geistlicher Sicht nicht leichter sondern schwerer. Und das hat dann auch auf alles andere seinen Einfluss. Wie gut tut ein Wort zur rechten Zeit? Wie schön ist es, wenn ich aus Gottes Wort etwas ganz persönliches finden und erkennen darf? Wie ermutigend ist es Gottes Reden und Wirken im eigenen Leben wahrzunehmen und Gebete erhört zu bekommen? Wie wichtig ist es (gerade jetzt), gute Lehre zu erkennen und von Lüge unterscheiden zu können? Der Psalmist schreibt in Psalm 119, 10-18: *"Ich suche dich von ganzem Herzen; lass mich nicht abirren von deinen Geboten. Ich behalte dein Wort in meinem Herzen, damit ich nicht wider dich sündige. Gelobet seist du, HERR! Lehre mich deine Gebote! Ich will mit meinen Lippen erzählen alle Weisungen deines Mundes. Ich freue mich über den Weg, den deine Mahnungen zeigen, wie über großen Reichtum. Ich rede von dem, was du befohlen hast, und schaue auf deine Wege. Ich habe Freude an deinen Satzungen und vergesse deine Worte nicht. Tu wohl deinem Knecht, dass ich lebe und dein Wort halte. Öffne mir die Augen, dass ich sehe die Wunder an deinem Gesetz"*. Das sollte und darf auch unser Gebet sein!

Sieg über Tod und Teufel

"Weil nun die Kinder von Fleisch und Blut sind, hat auch er's gleichermaßen angenommen, damit er durch seinen Tod die Macht nähme dem, der Gewalt über den Tod hatte, nämlich dem Teufel, und die erlöste, die durch Furcht vor dem Tod im ganzen Leben Knechte sein mussten. Denn er nimmt sich nicht der Engel an, sondern der Kinder Abrahams nimmt er sich an".

Hebräer 2, 14 -16

Wir haben als Menschen und auch Christen mit Umständen zu kämpfen, die die Sünde fördern und herausfordern. Zum einen ist da die abgefallene, verdorbene *"Welt"*, dann gibt es einen *"Teufel"*, der lügt und betrügt und listig ist, und wir haben einen zur Sünde neigenden fleischlichen *"Körper"*, der oft und gerne über den Geist triumphieren will. Dies lesen wir auch im Wort Gottes: *"Denn das Fleisch begehrt auf gegen den Geist und der Geist gegen das Fleisch; die sind gegeneinander, so dass ihr nicht tut, was ihr wollt"* (Galater 5,17). Der Teufel ist deshalb der Böse und der Vater der Lüge (Johannes 8,44) weil er in keiner sündigen Welt lebte und er von keinem versucht wurde - darum ist die Erlösung auch nicht für den Teufel und seine Dämonen möglich. Der Satan hatte keine Ursache zur Rebellion gegen Gott und keine Versuchung, weil alles perfekt war und auch er selbst war vollkommen, als höchster Cherub im Dienste Gottes. Er musste nicht sündigen, hatte keinen Grund dazu und tat es dennoch. Sein eigener, unbeeinflusster Wille trieb ihn dazu. Gottes Geschöpfe sind die Engel und die Menschen. Und beide bekamen einen freien Willen zur Entscheidung - nicht zur Entscheidung ob sie leben wollen, sondern wie sie es wollen. **Jemand der selbst ein vollkommenes Geschöpf ist, hat mit einer falschen Sichtweise vermutlich ein Problem, sich jemandem unterzuordnen, der einen noch selbst bei weitem übertrifft.** Ich denke der Satan war so von seiner von Gott verliehenen Herrlichkeit angetan, daß er alles und jeden vergaß und sich so in sich selbst verliebte, daß er stolz und größenwahnsinnig wurde und sich zu Gott herauf oder IHN zu sich selbst herunterziehen wollte. In Jesaja 14, 12-15 lesen wir: *"Wie bist du vom Himmel gefallen, du schöner Morgenstern! Wie wurdest du zu Boden geschlagen, der du alle Völker niederschlugst! Du aber gedachtest in deinem Herzen: »Ich will in den Himmel steigen und meinen Thron über die Sterne Gottes erhöhen, ich will mich setzen auf den Berg der Versammlung im fernsten Norden. Ich will auffahren über die hohen Wolken und gleich sein dem Allerhöchsten« Ja, hinunter zu den Toten fuhrst du, zur tiefsten Grube"*!

Sowohl die Engel als auch der Mensch hatten eine Treueprüfung zu bestehen. Bei uns Menschen war es der Baum der Erkenntnis des Guten und Bösen im Garten Eden (1. Mose 2,17). Wir können nicht sagen, daß wenn es diesen Baum nicht gegeben hätte, hätte es nie eine Sünde oder irgendein Problem gegeben. Wenn Gott Söhne und Kinder möchte, dann geht das nicht, wenn wir dazu keine Wahl haben. Wolltest du selbst geliebt werden, wenn der- oder diejenige gar keine Entscheidungsfreiheit dazu hätte? Was wäre das für eine Liebe und ein Leben? Es wäre Betrug an sich selbst, mangels Alternativen - eine erzwungene Verbundenheit ohne Seele! Satan machte seine Rebellion zu unserer indem er zuerst ein Drittel aller Engel verführte sich ihm anzuschließen - und dann Eva verführte, von diesem verbotenen Baum zu essen und auch ihrem Mann davon zu geben (1. Mose 3,6). Dieser Sündenfall hat bis heute Auswirkungen auf die gesamte Menschheit (Römer 5,12,17). Gott prüft uns auch heute noch - im kleinen. **Wo fragen wir Gott nach seinem Willen? Beten wir darum? Nehmen wir den Kampf wahr, der sich in der unsichtbaren Welt und hier auf Erden abspielt?** Wie macht sich das Erlösungswerk Jesu Christi in unserem Alltag bemerkbar? Der Teufel verklagt uns Tag und Nacht vor Gott und fordert die gesetzliche Strafe für uns (Offenbarung 12, 9-10). Er kann nicht mehr gewinnen dank des Evangeliums an das wir glauben. Unser Kampf richtet sich darauf, dem Geist Raum zu geben - Galater 5,16: "Ich sage aber: Lebt im Geist, so werdet ihr die *Begierden des Fleisches nicht vollbringen"*. Und wo wir versagen, dürfen wir Gnade um Gnade nehmen und es erneut versuchen und erleben, wie der Geist uns im wahrsten Sinne des Wortes lebendig macht vor Gott. Paulus schreibt in Römer 8, 1-3: *"So gibt es nun keine Verdammnis für die, die in Christus Jesus sind. Denn das Gesetz des Geistes, der lebendig macht in Christus Jesus, hat dich frei gemacht von dem Gesetz der Sünde und des Todes"*. Amen.

Ungefärbte Bruderliebe

"Habt ihr eure Seelen gereinigt im Gehorsam der Wahrheit zu ungefärbter Bruderliebe, so habt euch untereinander beständig lieb aus reinem Herzen".

1. Petrus 1,22

Wer an Gottes Wort festhält (auch in schwierigen Umständen und in Anfechtungen) lebt auch ein besonderes Verhältnis zu seinen Glaubensgeschwistern aus. Das hängt tatsächlich miteinander zusammen. Ein von Oberflächlichkeit und faulen Kompromissen geprägtes Christsein im Wort und im Wandel, zieht ein entsprechendes Miteinander in der Gemeinschaft der Gläubigen nach sich. Bruderliebe ist ein Zeichen echter Jüngerschaft wie wir in Johannes 13, 34-35 lesen: *"Ein neues Gebot gebe ich euch, dass ihr euch untereinander liebt, wie ich euch geliebt habe, damit auch ihr einander lieb habt. Daran wird jedermann erkennen, dass ihr meine Jünger seid, wenn ihr Liebe untereinander habt"*. Liebe ist eine seelische Angelegenheit, also etwas, das von innen nach außen geht und seine Basis in Aufrichtigkeit, Freundlichkeit und dem Glauben an die Wahrheit hat. **Echte Liebe muss immer auch wahrhaftige Liebe sein, sonst würden wir ja lügen und heucheln im Umgang miteinander.** Liebe tut zunächst dem Anderen nichts Böses (Römer 13,10). Das ist schon mehr als man ahnt, denn wie oft sind wir auch gerade in Gedanken böse, feindselig, und ungerecht? Liebe hat Freude an der Wahrheit (1. Korinther 13,6) - selbst dann, wenn sie einen entlarvt und demütigt. Der Gott, an den wir glauben ist in Person Wahrheit (Johannes 14,6) und auch Liebe (1. Johannes 4,16). Und beides zählt auch für das Wort (Johannes 1,14: *"Und das Wort wurde Fleisch und wohnte unter uns..."*). Wir können also Wahrheit, Wort und Liebe nicht getrennt voneinander sehen. Eindeutig ist von daher auch das Wort in 1. Johannes 4,20: *"Wenn jemand spricht: Ich liebe Gott, und hasst seinen Bruder, der ist ein Lügner. Denn wer seinen Bruder nicht liebt, den er sieht, der kann nicht Gott lieben, den er nicht sieht"*.

Ebenso wie durch das Wort der Wahrheit der Glaube und die Liebe zu Gott bewirkt wird, können wir diese Tatsache dann auch am Umgang mit den Glaubensgeschwistern ablesen und erkennen. Wo wir Respekt (Gottesfurcht) haben vor dem Wort Gottes, wird sich das auch im Umgang mit den Glaubensgeschwistern auswirken. **Das ist dann auch (wie erwähnt) unser Zeugnis für die ungläubige Welt (Johannes 13,35).** Diesen Zusammenhang zwischen Wahrheit und Liebe sieht auch Petrus, wenn er uns schreibt, daß wir unsere Seelen im Gehorsam der Wahrheit (das ist Gottes Wort) gereinigt haben, und als Konsequenz daraus, uns untereinander dauerhaft lieb haben sollen (1. Petrus 1,22). Im Sendschreiben an die Gemeinde in Philadelphia (Offenbarung 3, 7-13) die dafür gelobt wird, daß sie am Wort Gottes festhält und es bewahrt, sehen wir ebenso den Zusammenhang - der Name *"Philadelphia"* heisst nämlich übersetzt *"Bruderliebe"*! Gottes Wort ist Licht und wer seinen Bruder liebt, der bleibt auch in diesem Licht (1. Johannes 2,10). Wir müssen uns nicht künstlich abmühen einander zu lieben, weil sich das so gehört als Christ, sondern können im gemeinsamen Glauben an das absolut wahrhaftige Wort der Bibel auch diejenigen ehren, achten und lieben, die dieses ewige Wort ebenso in ihren Herzen bewahrt haben wie wir selbst. David schreibt in Psalm 133, 1-3: *"Siehe, wie fein und wie lieblich ist's, wenn Brüder in Eintracht beisammen sind! Wie das feine Öl auf dem Haupt, das herabfließt in den Bart, den Bart Aarons, das herabfließt bis zum Saum seiner Kleider; wie der Tau des Hermon, der herabfließt auf die Berge Zions; denn dort hat der Herr den Segen verheißen, Leben bis in Ewigkeit"*.

Gnade vor Recht

"HERR, erhöre mein Gebet, vernimm mein Flehen um deiner Treue willen, erhöre mich um deiner Gerechtigkeit willen, und geh nicht ins Gericht mit deinem Knecht; denn vor dir ist kein Lebendiger gerecht".

Psalm 143, 1-2

Ein Sünder ist jemand, der (bewusst oder unbewusst) aus seiner perfekten Stellung und seiner geraden Beziehung und seiner heiligen, ungetrübten sowie freien Verkörperung vor Gott, mit Gewalt herausbricht und darin verharrt. Wenn aus Liebe Furcht, aus Freiheit Sklaverei und aus Leben Leiden wird, dann wissen wir, daß wir Gottes Angesicht nicht mehr sehen und ertragen können. Das Ziel meines Lebens ist dann zu einem verschwommenen Nebel geworden, der mich in das finstere Tal meiner Schuld irreleitet und hinunter stürzt. Schon allein der Umstand, daß wir von Adam und Eva abstammen, die sich versündigten und ihre Schuld anschließend auch nicht einsahen, und letztlich Gott selbst, in teuflischer Weise beschuldigten, alles verursacht zu haben (1. Mose 3, 12-13) macht uns im Übermaß schuldig, unheilig und vergänglich (Römer 6,23: *"Der Sünde Sold ist der Tod"*). Was wir nun im Laufe unseres Lebens an schlechten Gedanken, Taten, Unterlassungen, Vorurteilen, Bosheiten, Lügen, schlechten Lüsten und allerlei Egoismen etc. vollbringen, hat seinen Ursprung in dieser vererbten und dann eigenständig angenommenen Sündhaftigkeit. David fragt in Psalm 130,3: *"Wenn du, HERR, Sünden anrechnen willst - Herr, wer wird bestehen"*? **Gott hat allen Grund und jede Berechtigung, selbst die kleinste Ungerechtigkeit mit der ewigen Verdammnis zu beantworten.** Die für uns kaum vorstellbare Heiligkeit Gottes, lässt nichts anderes zu, denn der HERR ist in Person absolut vollkommen, das ewig Gute, ohne jeglichen Schatten und die allmächtige, unerreichte Herrlichkeit. Was kann der Mensch nun tun? Er kann nichts tun, selbst wenn er wollte - Römer 3, 19-20: *"Wir wissen aber: was das Gesetz sagt, das sagt es denen, die unter dem Gesetz sind, damit allen der Mund gestopft werde und alle Welt vor Gott schuldig sei, weil kein Mensch durch die Werke des Gesetzes vor ihm gerecht sein kann. Denn durch das Gesetz kommt Erkenntnis der Sünde"*.

Gott will uns retten. Was der Allmächtige nicht verursacht hat (die Sünde) will er dennoch unfassbarerweise in Ordnung bringen - bei dir und mir. Und da der HERR ein souveräner Gott ist, dem Gerechtigkeit sehr wichtig ist, auch der gefallenen Schöpfung gegenüber, kann Gott eine Lösung schaffen, wie sie dann auch in Jesus Christus geschehen ist: 1. Erwählung vor Grundlegung der Welt (Johannes 17,24), 2. Menschwerdung Gottes (Galater 4,4), 3. Predigt Jesu (Matthäus 4,23), 4. Tod am Kreuz (Markus 15,37), 5. Auferstehung von den Toten (Lukas 24, 5-6), 6. Mission und Verkündigung (Matthäus 28, 19-20). Bei Gott ist Vergebung! Diese Hoffnung und selige Gewissheit sollte uns zur Demut, Gottesfurcht, Dankbarkeit und zu guten Werken führen und motivieren - nicht aus *"verdammter Pflicht"* heraus, sondern aus *"froher Liebe und Glaube"* heraus. Warum erlöst Gott nicht einfach pauschal jeden und alle? **Gott erkennt Autoritäten für eine gewisse Zeit an, selbst wenn diese aus Sünden und Ungehorsam geboren sind.** Das zählt für abtrünnige Engel und auch für sündige Menschen. Wir sollen der irdischen Obrigkeit auch untertan sein (Römer 13,1). Wer in seiner Sünde stur beharrt, den wird Gott nicht zwangsbekehren. Irgendwann hat dann aber auch Gott genug gesehen - Römer 1,28: *"Und wie sie es für nichts geachtet haben, Gott zu erkennen, hat sie Gott dahingegeben in verkehrten Sinn, sodass sie tun, was nicht recht ist..."*! Wir werden auch nicht darum verurteilt werden müssen, weil wir Sünder sind, sondern es bleiben wollten! In 1. Johannes 4, 9-10 steht: *"Darin ist erschienen die Liebe Gottes unter uns, dass Gott seinen eingebornen Sohn gesandt hat in die Welt, damit wir durch ihn leben sollen. Darin besteht die Liebe: nicht dass wir Gott geliebt haben, sondern dass er uns geliebt hat und gesandt seinen Sohn zur Versöhnung für unsre Sünden"*. Seid gesegnet und bewahrt - Unser HERR kommt bald!

Schutz durch Demut

"So demütigt euch nun unter die gewaltige Hand Gottes, damit er euch erhöhe zu seiner Zeit. Alle eure Sorge werft auf ihn; denn er sorgt für euch. Seid nüchtern und wacht; denn euer Widersacher, der Teufel, geht umher wie ein brüllender Löwe und sucht, wen er verschlinge".
1. Petrus 5, 6-8

Das ist eine sehr beachtliche, dreifache Aufeinanderfolge geistlicher Prinzipien und Tatsachen, die uns hier in wenigen, scheinbar für sich stehenden Sätze, von Petrus vermittelt werden. Ich glaube keine negative Sache in der Bibel (was den Widerstand Gottes auslöst) wird so deutlich immer wieder betont, wie der Hochmut. Der Hochmut (lat.: arrogantia, superbia), auch die Anmaßung, Überheblichkeit, Arroganz, veraltet: Hoffart, Dünkel, ist eine Haltung, die Wert und Rang (Standesdünkel) oder Fähigkeiten der eigenen Person besonders hoch veranschlagt. Der Gegensatz zum Hochmut ist die Demut. In Hiob 22,29 lesen wir: *"Denn er erniedrigt die Hochmütigen; aber wer seine Augen niederschlägt, dem hilft er"*. Der Grund liegt in der Tatsache begründet, daß wir absolut nichts zum rühmen haben, und in keiner Weise es etwas an uns gibt, worauf wir stolz sein könnten. Das Menschenbild der Bibel geht davon aus, daß wir nur ein Hauch sind (Psalm 39,5), desweiteren ungerecht und schlecht (Römer 1, 29-32), sowie Dinge tun, die wir eigentlich gar nicht wollen (Römer 7, 15-19). Wer das so nicht einsieht, ist hochmütig und blind. **Gott widersteht den Hochmütigen, das lesen wir immer wieder in der Bibel.** In unserem Eingangstext wird als erstes Übel der Hochmut genannt, dem wir mit Widerstand begegnen sollen. Es steckt in uns drin hochmütig zu sein und wir tun, wie wir gelesen haben, was wir nicht wollen. Hier kommt dann auch der Teufel ins Spiel, sicherlich nicht zufällig. Der Stolz des Satans war der Grund der himmlischen Rebellion und die Ursache des Falles des Menschen im Garten Eden (1. Mose 3, 1-24). Den Hochmut gibt es also schon sehr lange und die Sünde des Teufels wurde zur Sünde des Menschen. Und dies mit allen schrecklichen Konsequenzen, wie die Geschichte der Menschheit beweist und täglich neu aufzeigt. Die bittere Wurzel des Hochmutes steckt uns Menschen sozusagen in den Schuhen und es sollte unser täglicher (guter) Kampf des Glaubens sein, uns "unter die gewaltige Hand Gottes zu demütigen" (1. Petrus 5,6). Der Teufel will selbstverständlich genau das Gegenteil, daß wir uns nämlich Gott gegenüber auflehnen, IHN in Frage stellen (*"...sollte Gott gesagt haben..."*?) und uns sozusagen vor Gott emanzipieren.

Der Gipfel so einer Emanzipation (vom Sinn her bedeutet das lateinische Wort *"emancipare"*, daß man einen Sklaven in die Eigenständigkeit entlässt) daß man die Meinung und Einstellung hat, daß das mit der Sünde ja nicht so schlimm ist, und Gott ja gerne Gott bleiben darf, aber uns ja letztlich doch gnädig sein muss, wenn wir das so wollen. Dann wäre Gnade aber keine Gnade und wir wären in der Lage Gott zu beeinflussen. Wir würden somit seine Heiligkeit ignorieren, und uns selbst zum Mittelpunkt vor Gott machen - das ist teuflisch! Aber daß Einzige was wir eigenständig können ist sündigen. Gott hat dies beim Satan nicht zugelassen, und er wird es auch bei uns nicht zulassen - Gott widersteht den Hochmütigen! **Die Frage, die sich jetzt stellt wäre: Wie werde ich demütig?** Petrus teilt es uns mit: *"Seid nüchtern und wacht; denn euer Widersacher, der Teufel, geht umher wie ein brüllender Löwe und sucht, wen er verschlinge. Dem widersteht, fest im Glauben, und wisst, dass ebendieselben Leiden über eure Brüder in der Welt gehen"* (1. Petrus 5,8-9). Wir werden sozusagen dann *"verschlungen"*, wenn wir unnüchtern und unwachsam sind gegenüber dem Hochmut und unserem sündigen Anspruchsdenken. Die Erlösung ist für die Erwählten sicher (Johannes 10, 27-30) und in dieser Gewissheit, bekommen wir auch durch Gottes Hilfe die Kraft für eine entspannte Wachsamkeit und eine friedvolle Nüchternheit, ohne von einem Extrem ins andere zu geraten. Also entweder überempfindlich, gesetzlich und unruhig zu sein, oder träge, oberflächlich und desinteressiert. Ich glaube daß wir die Dimension der Gnade und Erlösung nur in einer demütigen Einstellung und Haltung erfassen können. Das ist nicht deshalb so, weil Gott unsere Demut braucht (das wäre wieder Emanzipation) sondern weil er uns liebt und uns helfen will. Das geht oft über jedes menschliche Verständnis hinaus, denn wir tun ja, was wir nicht wollen und wissen auch meist nicht, was wir wollen, geschweige denn brauchen. Gott weiß es und IHM sollen wir darin vertrauen. Der Weg und die Wahrheit der Erlösung ist Jesus Christus (Johannes 14,6), der sich selbst um unsretwillen gedemütigt hat (Philipper 2, 6-7). Wie sehr haben wir das dann nötig?

Allein Gott ist stark

"Und er hat zu mir gesagt: Lass dir an meiner Gnade genügen; denn meine Kraft ist in den Schwachen mächtig. Darum will ich mich am allerliebsten rühmen meiner Schwachheit, damit die Kraft Christi bei mir wohne. Darum bin ich guten Mutes in Schwachheit, in Misshandlungen, in Nöten, in Verfolgungen und Ängsten um Christi willen; denn wenn ich schwach bin, so bin ich stark".

2. Korinther 12, 9-10

Paulus war ein bemerkenswerter Mensch und Christ. Sein Leben und Wirken gibt einem immer wieder viel Anlass zum nachdenken und vergleichen. Man kann sagen, je länger er Jesus nachfolgte, desto weniger hielt er von sich selbst. Das ist auch meine Erfahrung. In Römer 7,18+24 schreibt er nachdrücklich: *"Denn ich weiß, dass in mir, das heißt in meinem Fleisch, nichts Gutes wohnt. Wollen habe ich wohl, aber das Gute vollbringen kann ich nicht"* - *"Ich elender Mensch! Wer wird mich erlösen von diesem todverfallenen Leibe"*? Rufen wir uns in Erinnerung, Paulus war, wie schon sein Vater, ein hochangesehener Gesetzeslehrer und Pharisäer (Apostelgeschichte 23,6). Er hatte sein Leben sozusagen im Griff, war beruflich erfolgreich, gebildet und gesellschaftlich voll integriert und hatte sein Auskommen. Nachdem ihm Jesus begegnet war, änderte sich innerlich bei ihm alles. Paulus dachte er wäre sehend und wurde blind in jeder Hinsicht (Apostelgeschichte 9,8). Er kam von seinem *"hohen Ross"* herunter und hat ganz praktisch neu gelernt, daß er nichts zu bringen hat. Sein ganzes Leben war bisher auf harter Arbeit, Studium, Disziplin, Tradition, Eifer und eiserner Solidarität mit dem Gesetz begründet. Wenn sich jemand etwas hätte einbilden können auf all seine Verdienste, Leistungen und sein Wissen, dann doch Paulus. Ich denke auch das war ein Grund dafür, daß Gott den Paulus erwählt hat. Gott machte deutlich, daß wenn der moralisch, gesetztlich und intelektuell Stärkste, vor Gott zusammenbricht und sich selbst anklagt und als *"elend"* bezeichnet, uns dies auch selbst etwas sagen sollte. **Paulus hat als Christ sehr Beachtliches geleistet und das Evangelium mittels des Heiligen Geistes wunderbar erklärt und verbreitet.** Wir alle zehren heute noch davon, denn seine Briefe wurden zu einem wesentlichen Bestandteil des Neuen Testementes. Daß er so wunderbar geführt, korrigiert, begleitet und unterwiesen wurde (und dies weitergegeben hat), geschah durch Gottes Willen und aus reiner Gnade. Paulus wurde das im Laufe seines Dienstes immer klarer und deutlicher. Sein früheres Wissen und Arbeiten hielt er für überflüssig und kontraproduktiv. In Philipper 3, 7-8 schrieb er: *"Aber was mir Gewinn war, das habe ich um Christi willen für Schaden erachtet. Ja, ich erachte es noch alles für Schaden gegenüber der überschwänglichen Erkenntnis Christi Jesu, meines Herrn. Um seinetwillen ist mir das alles ein Schaden geworden, und ich erachte es für Dreck, damit ich Christus gewinne und in ihm gefunden werde...".*

Es ist nicht einfach zuzugeben schwach zu sein. Nicht immer nimmt man das von außen wahr ob jemand stark oder schwach ist weltlich gesehen. Auch manche Christen scheinen nur von außen stark und kompetent, sind aber in ihrem Wesen schwach, unsicher und verzagt. Und bei anderen ist es umgekehrt. Was deutlich wird wenn man die Bibel liest ist, daß Gott mit Menschen die sich für stark und weise halten nicht viel anfangen kann - das zählt auch für Christen, die dann meist einen Weg gehen müssen, der ihnen ihre Schwachheit deutlich macht - so wie bei Paulus. **Manchmal ist es uns nicht genug, daß allein Gott stark ist - aber das sollte es.** Die Einsicht vor Gott (und anderen Christen) ohne alles dazustehen gefällt vielen nicht - es ist mitunter demütigend und vielleicht sogar beschämend. Aber wer wirklich davon überzeugt ist vor Gott arm, blind und bloß zu sein (Offenbarung 3,17) hält sich nicht für stark und lebenstüchtig. Wir sollten uns einander helfen von diesem unsäglichen Denken wegzukommen, daß man seine Schwächen nicht zugeben und zeigen darf. Wie sollten wir auch einander dienen und helfen und motivieren, wenn wir uns nur an Äußerlichkeiten orientieren und im Grunde froh sind, wenn wir mit den Sorgen anderer nicht konfrontiert werden? Gott kann das nicht gefallen. Keiner verlangt Selbstlosigkeit bis zur Selbstaufgabe (das konnte allein Jesus Christus für uns vollbringen) aber wer meint, nur weil es ihm besser geht als manchen anderen, sich vor Gott stärker und weniger bedürftig zu halten, irrt sich sehr. Wer nicht weiß, wo und wie er anderen helfen kann, sollte sich zu Herzen nehmen, was Jesus in Matthäus 25, 43-45 sagte: *"Ich bin ein Fremder gewesen und ihr habt mich nicht aufgenommen. Ich bin nackt gewesen und ihr habt mich nicht gekleidet. Ich bin krank und im Gefängnis gewesen und ihr habt mich nicht besucht. Dann werden sie ihm auch antworten und sagen: Herr, wann haben wir dich hungrig oder durstig gesehen oder als Fremden oder nackt oder krank oder im Gefängnis und haben dir nicht gedient? Dann wird er ihnen antworten und sagen: Wahrlich, ich sage euch: Was ihr nicht getan habt einem von diesen Geringsten, das habt ihr mir auch nicht getan".* Gottes Kraft ist in den Schwachen mächtig - das zeigt sich besonders dort, wo wir anderen im Namen Jesu helfen wollen und dann auch können!

Wolken als Trost und Verheißung

"Siehe, er kommt mit den Wolken, und es werden ihn sehen alle Augen und alle, die ihn durchbohrt haben, und es werden wehklagen um seinetwillen alle Geschlechter der Erde. Ja, Amen. Ich bin das A und das O, spricht Gott der Herr, der da ist und der da war und der da kommt, der Allmächtige."

Offenbarung 1, 7-8

Wolken sind auch ein Synonym für Probleme, Unheil, Hindernisse, Bedrohungen aber auch Orientierungen - vor allem in der Bibel! Sie können so manches in unserem Leben verdunkeln und uns den Blick auf den *"freien Himmel"* entziehen. Wir werden mitunter unsicher und haben auch Angst, wenn so mancher Schatten auf uns fällt. Ebenso erging es auch einigen Jüngern (Petrus, Johannes und Jakobus) auf dem *"Berg der Verklärung"* wie wir in Lukas 9, 34-35 lesen: *"Als er aber dies redete, kam eine Wolke und überschattete sie; und sie erschraken, als sie in die Wolke hineinkamen. Und es geschah eine Stimme aus der Wolke, die sprach: Dieser ist mein auserwählter Sohn; den sollt ihr hören".* **In der Bibel stehen Wolken auch in Beziehung zu Gott und sie zeigen uns, wie unser Glaube sein soll - und auch kann!** Ohne solche Wolken hätten wir keinen tragbaren Glauben. Ein unbewährter Glaube ist wie ein Fisch in einer Pfütze mitten in der Wüste. Ein gläubiger Mensch wird dadurch zu einem Zeugen Gottes, indem er mit der Wolke, aus der Wolke und auf der Wolke Gott und sich selbst geduldig wahrnimmt und den HERRN verkündigt (Hebräer 12,1). Für unser Leben hier auf Erden steckt hinter und mit jeder Wolke auch ein großer Trost: Mit den Wolken kommt auch Gott - *"Siehe ER kommt mit den Wolken"* - gerade dann, wenn es dunkel wird in unserem Leben und wir nicht mehr weiter wissen und die Orientierung verloren haben - dann kommt Gott mit den Wolken! So geschehen auch sichtbar für die Israeliten in der Wüste als der HERR in einer Wolkensäule seinem Volk voranging (2. Mose 13,21). Was bewirken Wolken für unser Glaubensleben? Was sollen wir wirklich lernen? Wir sollen lernen durch die Wolken im Glauben hindurchzuschauen. Wir sollen den HERRN sehen, der mit den Wolken kommt.

In dem Sinne geht es dann wohl auch mehr darum, etwas zu verlernen statt zu lernen. Nämlich zu verlernen sich Sorgen zu machen (Matthäus 6,25) und Trübsal zu blasen und das ängstliche *"In-die-Zukunft-schauen"*. **Manche Wolken bringen auch Wind und einen reinigenden Regen mit sich, der uns vielleicht zuerst einmal naß macht und den Wind um die Ohren pfeifen lässt.** Aber uns eben auch erwachen lässt, und offener für Gottes Reden und Handeln macht. Jeder Verlust den wir erleiden ist eine Wolke am Horizont die aber ebenso schnell wieder sich *"verziehen"* kann wie sie vielleicht gekommen ist? Im Alten Testament sagt Gott uns: *"Ich tilge deine Missetat wie eine Wolke und deine Sünden wie den Nebel. Kehre dich zu mir, denn ich erlöse dich"* (Jesaja 44,22). Gott möchte unser Glaubensleben nicht kompliziert sondern einfach machen - so eine Wolke hilft letztlich mehr als sie uns schadet. Sie zieht ein Kind Gottes zum Vater im Himmel und den Gläubigen zum Glauben und die Angst zur Freude und zum Frieden und zur Geduld. Freuen wir uns auf das, was uns erwartet (es wird ein schöner Tag oder eine schöne Nacht sein): *"Denn er selbst, der Herr, wird, wenn der Befehl ertönt, wenn die Stimme des Erzengels und die Posaune Gottes erschallen, herabkommen vom Himmel, und zuerst werden die Toten, die in Christus gestorben sind, auferstehen. Danach werden wir, die wir leben und übrig bleiben, zugleich mit ihnen entrückt werden auf den Wolken in die Luft, dem Herrn entgegen; und so werden wir bei dem Herrn sein allezeit. So tröstet euch mit diesen Worten untereinander"* (1. Thessalonicher 4, 16-18).

Wohin mit meiner Liebe?

»Du sollst deinen Nächsten lieben wie dich selbst«

3. Mose 19,18

Auf welche Weise forderte Jesus seine Jünger seinerzeit auf, seinen Nächsten zu lieben (Markus 12,31)? Er sollte es *"aus ganzem Herzen"* tun, nämlich *"wie sich selbst"*. Es geht hier nicht um mich selbst, sondern um den Nächsten, mit dem man ebenso rücksichtsvoll, wohlwollend, freundlich und gütig umgehen soll, wie mit sich selbst. Paulus schreibt in Epheser 5,29: *"Denn niemand hat je sein eigenes Fleisch gehaßt, sondern er nährt und pflegt es, gleichwie der Herr die Gemeinde"*. Somit ist klar, daß es nicht die Selbstliebe sein kann, die mich zum Ziel führt oder einen besseren Menschen aus mir macht, sondern die Liebe, die für andere aus mir herausströmt durch den Glauben an die Gnade Gottes im Evangelium. **Jesus stelle klar, daß wir ihm nicht dadurch dienen und nachfolgen, indem wir vor allem darauf achten selbst das Ziel der Liebe zu sein.** In Matthäus 25,40 sagte Jesus: *"Und der König wird ihnen antworten und sagen: Wahrlich, ich sage euch: Was ihr einem dieser meiner geringsten Brüder getan habt, das habt ihr mir getan"*! Das ist das Gegenteil davon zu meinen, daß je mehr ich mich selbst liebe auch Gott lieben muss. Das wäre nicht nur ein falscher Umkehrschluss, sondern auch eine andere Aussage dessen, was Jesus in dem Gleichnis sagte. Nächstenliebe ist nicht dasselbe wie Selbstliebe! Was die Bibel explizit über Selbstliebe oder Eigenliebe (griech. philantos) sagt, lesen wir in 2. Timotheus 3, 1-5: *"Das aber sollst du wissen, daß in den letzten Tagen schlimme Zeiten eintreten werden. Denn die Menschen werden sich selbst lieben, geldgierig sein, prahlerisch, überheblich, Lästerer, den Eltern ungehorsam, undankbar, unheilig, lieblos, unversöhnlich, verleumderisch, unbeherrscht, gewalttätig, dem Guten feind, Verräter, leichtsinnig, aufgeblasen; sie lieben das Vergnügen mehr als Gott; dabei haben sie den äußeren Schein von Gottesfurcht, deren Kraft aber verleugnen sie. Von solchen wende dich ab"*! Wir leben in Zeiten, in denen das Evangelium immer mehr psychogolisiert wird. Hier wird nicht Jesus Christus, sondern der Mensch in den Mittelpunkt gestellt.

Man benutzt vielleicht das gleiche fromme Vokabular, meint aber etwas anderes. Das Menschenbild der Psychologie deckt sich in keiner Weise mit dem, was die Bibel über den Menschen aussagt und feststellt. **Die Schuldfrage wird bagatellisiert und auf Umstände abgeschoben.** Zudem wird der scheinbare Mangel an Selbstwert, Anerkennung, Aufmerksamkeit und Zuneigung zum Grundübel proklamiert. Geschieht dies im christlichen Umfeld, wird aus Schuld eine Mangelerscheinung, und aus Nächstenliebe wird Selbstliebe und aus dem Evangelium von der Vergebung der Sünden wird eine süßliche Liebesbotschaft, die an Gottes Heiligkeit und Gerechtigkeit vorbei läuft. Paulus schildert seine Sicht der Dinge treffend in 2. Korinther 12, 5-7: *"Wegen eines solchen will ich mich rühmen, meiner selbst wegen aber will ich mich nicht rühmen, als nur meiner Schwachheiten. Zwar wäre ich, wenn ich mich rühmen wollte, deshalb nicht töricht, denn ich würde die Wahrheit sagen. Ich enthalte mich aber dessen, damit niemand mehr von mir hält, als was er an mir sieht oder von mir hört. Und damit ich mich wegen der* *außerordentlichen Offenbarungen nicht überhebe, wurde mir ein Pfahl fürs Fleisch gegeben, ein Engel Satans, daß er mich mit Fäusten schlage, damit ich mich nicht überhebe"*. Wir sollen Gott mehr lieben als uns selbst und auch den Nächsten lieben wie uns selbst. Dieses Leben ist lohnend, auch wenn die Welt so ein Verhalten als dumm und selbst zerstörerisch bezeichnen würde. Paulus hat das verstanden, obwohl gerade er mehr Grund hätte sich selbst verliebt zu rühmen als jeder andere. William McDonald schreibt hierzu in seinem Kommentar über Paulus: *"Es gibt noch viele andere großartige Erfahrungen, derer er sich »rühmen« kann. Wenn er das wollte, wäre er nicht einmal »töricht«. Alles, was er sagen würde, wäre »die Wahrheit«. Doch er wird es nicht tun, weil er nicht möchte, daß »jemand höher« von ihm denkt, als er wirklich ist"*.

Glaube, Ruhe, Stärke

"Wer glaubt, wird nicht ängstlich eilen".

Jesaja 28,16

Gott beeilt sich nicht - nur wenn es darum geht einem Sünder schnell zu vergeben, dann kommt uns der HERR laufend entgegen, wie im Gleichnis vom verlorenen Sohn (Lukas 15,20). Ansonsten gehört es nicht zu Gottes Eigenschaften irgendetwas in großer Eile oder gar Hektik und Hetze zu erledigen. **Wenn wir Gott im Herzen vertrauen, dann haben wir es einfach auch nicht nötig uns abzuhetzen oder Angst davor zu haben, irgendwo zu spät zu sein.** Auch in unserem Dienst für den HERRN ist jegliche Hektik überflüssig und nicht selten kontraproduktiv. Alles hat seine Zeit (Prediger 3,1) und Gott steht über der Zeit. Für IHN sind tausend Jahre so viel wie einmal schlafen (Psalm 90,4: *"Denn tausend Jahre sind vor dir / wie der Tag, der gestern vergangen ist, und wie eine Nachtwache"*). Der Apostel Petrus drückte es so aus: *"Eins aber sei euch nicht verborgen, ihr Lieben, dass ein Tag vor dem Herrn wie tausend Jahre ist und tausend Jahre wie ein Tag"* (2. Petrus 3,8). Gott hat Geduld mit uns und das ist es auch, was wir selbst nötig haben (Hebräer 10,36). Weniger kann manchmal mehr sein. Nicht die Masse der Zeit die wir für eine Aufgabe verwenden, führt automatisch zum Erfolg und zum Ziel, sondern Gottes Wille und seine Führung zu seiner Zeit. Jakobus schreibt uns in seinem Brief folgendes: *"Die Geduld aber soll ihr Werk tun bis ans Ende, damit ihr vollkommen und unversehrt seid und kein Mangel an euch sei. Wenn es aber jemandem unter euch an Weisheit mangelt, so bitte er Gott, der jedermann gern gibt und niemanden schilt; so wird sie ihm gegeben werden"* (Jakobus 1,4-6).

Bei Gott gibt es keinen Wachstumsbeschleuniger und wir brauchen auch keinen flüssigen Dünger für unsere Seele. Es wäre nicht falsch, sich auch nicht einzubilden dies für andere oder bestimmte Christen sein zu müssen! Wir dürfen uns guten Gewissens umeinander kümmern, aber wir sollen uns nicht aufdrängen und gegenseitig unter Druck setzen. **Wer zu allem und zu jedem immer gleich seinen Senf dazu geben muss, hat dann meist wirklich keine Zeit, groß nachzudenken und Geduld zu üben.** Im Gleichnis vom verlorenen Sohn geht es auch um einen Menschen, der Angst hatte, daß das Leben ohne ihn weitergeht und er alles Wichtige verpasst und überall zu kurz kommt. Darum hat er dann die Sache selbst in die Hand genommen und nach kurzem Vergnügen letztlich alles verloren (Lukas 15, 11-17). Er glaubte nicht, daß er es beim Vater am Besten hatte und eilte daher ängstlich und machte sich davon, um in der Welt sein Glück zu finden. Manchmal gibt es auch unter gläubigen Menschen solche Glücksjäger. Aber was Gott wirklich von ihnen will, merken sie nicht oder erst nach bitteren Erfahrungen. Da haben wir wohl alle noch unsere Defizite und sind nicht besser als andere. Wir sollen uns bemühen nicht träge und mutlos zu sein und uns sicherlich nicht zum *"Pantoffelhelden"* oder *"Wohnzimmerchristen"* entwickeln. Aber es sind göttliche Tugenden Geduld und Vertrauen zu haben und zu glauben, daß Gott niemals zu spät kommt - auch nicht bei einem selbst...! Wenn wir in der Stille und im Glauben nach Wegweisung und Orientierung und Kraft von oben suchen, werden wir auch fündig werden - Psalm 62,2: *"Meine Seele ist stille zu Gott, der mir hilft"*.

Jesus ruft die Sünder

"Und die Pharisäer und ihre Schriftgelehrten murrten und sprachen zu seinen Jüngern: Warum esst und trinkt ihr mit den Zöllnern und Sündern? Und Jesus antwortete und sprach zu ihnen: Die Gesunden bedürfen des Arztes nicht, sondern die Kranken. Ich bin gekommen, die Sünder zur Buße zu rufen und nicht die Gerechten".

Lukas 5, 30-32

Die Pharisäer hatten kein Empfinden für ihre Not und von daher auch keine rechte Einstellung der Botschaft Jesu Christi gegenüber. Sie dachten, sie wären gesund und gerecht, was ein großer Irrtum war. Wenn ein Arzt einem Menschen sagt, daß er krank ist und er Hilfe braucht, dann ist es mitunter fatal und dumm, wenn man das ignoriert und dabei vielleicht denkt, daß dieser Arzt doch keine Ahnung hat und nicht weiß, von was er da redet!? Heutzutage ist es relativ einfach Krankheiten zu diagnostizieren. Mit modernen technischen Geräten, kann man in einen Menschen sozusagen hineinschauen und kranke von gesunden Organen unterscheiden. Und auch psychische Leiden oder Süchte lassen sich wahrnehmen. Wie ist das mit der Seele, der Krankheit, die sich *"Sünde"* nennt? Da stoßen wir meist an unsere Grenzen, besonders wenn es uns äußerlich gut geht. **Und auch wenn wir bereits Christen sind, haben wir manchmal ein merkwürdiges Verhältnis zu uns selbst und sehen manches verzerrt und ziehen falsche Schlüsse.** In Offenbarung 3, 17-19 lesen wir bemerkenswerte Sätze an Menschen einer christlichen Gemeinde in Laodizea: *"Du sprichst: Ich bin reich und habe genug und brauche nichts!, und weißt nicht, dass du elend und jämmerlich bist, arm, blind und bloß. Ich rate dir, dass du Gold von mir kaufst, das im Feuer geläutert ist, damit du reich werdest, und weiße Kleider, damit du sie anziehst und die Schande deiner Blöße nicht offenbar werde, und Augensalbe, deine Augen zu salben, damit du sehen mögest. Welche ich lieb habe, die weise ich zurecht und züchtige ich. So sei nun eifrig und tue Buße"*! In dieser Gemeinde herrschte Stolz, Unwissenheit und Selbstzufriedenheit. In aller hier formulierten Kritik, die einem durchaus auf den Magen schlagen kann (sollte), finden wir auch trostreiche, himmlische Konsequenzen und freundliche Aufforderungen: 1.) Kaufe *"geläutertes Gold"* und *"Augensalbe"* und *"weiße Kleider"*; 2.) Ich habe dich lieb; 3.) Lasse dich korrigieren; 4.) Sei eifrig im Erkennen deine Fehler und kehre um. Etwas, was im Feuer geläutert ist, kann in Bezug auf unser Glaubensleben zum einen bedeuten, daß wir an die Gerechtigkeit

Gottes in Jesus Christus glauben sollen (also ohne den Gedanken der Eigenleistung) und zum anderen, zu echtem, engagierten Glauben, der Gott die Ehre gibt, zurückkehren. Die weißen Kleider stehen für eine praktisch umgesetzte Gerechtigkeit im alltäglichen Leben.

Die Augensalbe steht für echtes geistliches Sehvermögen, mittels des Heiligen Geistes, der ja immer noch da ist, auch wenn er betrübt wurde (Epheser 4,30). Wenn wir Gott gleichgültig wären, würde er uns ignorieren und nicht liebhaben und erziehen. Vielmehr ist die Erziehung und Zucht ein Zeichen für unsere Gotteskindschaft (Hebräer 12,6). Wie so eine göttliche Erziehungsmaßnahme konkret aussieht, ist uns nicht immer klar. Wir warten vielleicht sogar auf ein Unglück oder eine Krankheit oder einfach *"Pech"* im Leben? **Manchmal erzieht uns Gott auch dadurch, daß eben nichts passiert.** Oder wir werden mit unseren Sünden so heftig konfrontiert, daß wir an unserer Bekehrung ernsthaft zweifeln und unsere Abgründe und Neigung zur Sünde offenbarer werden, als wir das je erlebt haben. Wenn uns das letztlich, wie beim verlorenen Sohn, wieder zitternd und desillusioniert in die Arme des Vaters treibt, dann bekommen wir wieder eine Ahnung von Gerechtigkeit, weißen Kleidern, Augensalbe und geläutertem Gold. Wie lange so ein Prozess mitunter dauern kann, ist wohl ganz verschieden, aber entscheidend ist, sich zu erinnern, warum man eigentlich Christ werden durfte? Lesen wir, was Paulus der Gemeinde in Ephesus ins Stammbuch geschrieben hat: *"Aber Gott, der reich ist an Barmherzigkeit, hat in seiner großen Liebe, mit der er uns geliebt hat, auch uns, die wir tot waren in den Sünden, mit Christus lebendig gemacht - aus Gnade seid ihr selig geworden -; und er hat uns mit auferweckt und mit eingesetzt im Himmel in Christus Jesus, damit er in den kommenden Zeiten erzeige den überschwänglichen Reichtum seiner Gnade durch seine Güte gegen uns in Christus Jesus. Denn aus Gnade seid ihr selig geworden durch Glauben, und das nicht aus euch: Gottes Gabe ist es, nicht aus Werken, damit sich nicht jemand rühme. Denn wir sind sein Werk, geschaffen in Christus Jesus zu guten Werken, die Gott zuvor bereitet hat, dass wir darin wandeln sollen"* (Epheser 2, 4-10). In diesem Sinne, seid gesegnet und bewahrt und der liebenden, korrigierenden Gnade Gottes anbefohlen.

Vater, Sohn und Heiliger Geist

"Wir wissen aber, daß der Sohn Gottes gekommen ist und uns Verständnis gegeben hat, damit wir den Wahrhaftigen erkennen. Und wir sind in dem Wahrhaftigen, in seinem Sohn Jesus Christus. Dieser ist der wahrhaftige Gott und das ewige Leben".

1. Johannes 5,20

Das Wort Dreieinigkeit gibt es in der Bibel nicht. Aber Vater, Sohn und Heiliger Geist werden oft erwähnt und sind ein Ausdruck dessen, was Gott für uns Christen sein will: Gott als VATER der sich uns zuwendet wie in dem Gleichnis vom verlorenen Sohn (Lukas 15, 11-17). Wenn von Gott, dem SOHN die Rede ist, dann geht es um den Hinweis auf Jesus Christus, der am Kreuz die Vergebung der Sünden ermöglichte. Wo Gott als HEILIGER GEIST auftritt und bezeichnet wird, ist das ein Hinweis auf die Gemeinschaft die Gott mit den Seinen haben will (2. Korinther 13,13). Gott hat durch Jesus Christus auch die Welt erschaffen - Johannes 1, 1-4 (Schlachter 2000): *"Im Anfang war das Wort, und das Wort war bei Gott, und das Wort war Gott. Dieses war im Anfang bei Gott. Alles ist durch dasselbe entstanden; und ohne dasselbe ist auch nicht eines entstanden, was entstanden ist. In ihm war das Leben, und das Leben war das Licht der Menschen".* Das Wort wurde

Fleisch - Jesus Christus! **Gott selbst ist Geist, und wohnt in einem Licht wo keiner hinkommen kann (1. Timotheus 6,16).** In Jesus Christus ist Gott offenbart. Vater, Sohn und Heiliger Geist sind eine Einheit, und wirken in allen schöpferischen, erwählenden und heilsbringenden Dingen zusammen. In allem, was das Leben an sich beinhaltet. Darum ist Jesus Christus auch *"das Leben"* (Johannes 14,6). Gott ist das Licht (Johannes 8,12) und bringt (ruft) zum Licht. Und logischerweise kann nur ans Licht gebracht (gerufen) werden, was zuvor blind in der Dunkelheit gewesen ist (Johannes 9,41). Dazu hat Gott alle Maßnahmen ergriffen, um heilsgeschichtlich mit, durch und am Menschen zu wirken, und sich zu offenbaren und seinen Willen mitzuteilen. Dies alles aus Gnade, Liebe und Barmherzigkeit. Dazu ist Gott als Schöpfer, Erlöser und Offenbarer nötig gewesen - bis auf den heutigen Tag!

Diese Offenbarungen sind allgemeiner Natur, einmal durch die Schöpfung ersichtlich (Römer 1, 18-20), und durch die Menschwerdung Gottes in seinem Sohn Jesus Christus (das Wort wurde Fleisch - Johannes 1,14) sowie durch den Heiligen Geist, der als Erneuerer, Erinnerer, Tröster, Versiegeler und Offenbarer wirkt und handelt (u.a. Lukas 12,20). Die menschlichen **Begrifflichkeiten können Gott nicht erfassen. Man kann die Ewigkeit nicht denken.** Ebenso das Wesen Gottes in seinen Offenbarungen verstehen. Gott ist mehr als die Summe seiner Segnungen. Im Himmel werden wir alles sehen - 1. Johannes 3,2: *"Meine Lieben, wir sind schon Gottes Kinder; es ist aber noch nicht offenbar geworden, was wir sein werden. Wir wissen aber: wenn es offenbar wird, werden wir ihm gleich sein; denn wir werden ihn sehen, wie er ist"*. Dann werden wir den *"einen"* Gott sehen. Durch den Sündenfall erleben wir Gott so, wie es uns in der Bibel gezeigt wird: Als Schöpfer-Vater, als Erlöser in Jesus Christus und als Heiligen Geist, der das Leben aus Gott bewirkt und schenkt, und uns als Gläubige eine innige Beziehung zum ewigen Gott ermöglicht. Im Himmel werden wir das alles in einer Person sehen, denn dann sind wir am Ziel des Glaubens - 1. Petrus 1, 8-9: *"Ihn habt ihr nicht gesehen und habt ihn doch lieb; und nun glaubt ihr an ihn, obwohl ihr ihn nicht seht; ihr werdet euch aber freuen mit unaussprechlicher und herrlicher Freude, wenn ihr das Ziel eures Glaubens erlangt, nämlich der Seelen Seligkeit"*. Dann werden wir keine Fragen mehr haben, weil durch unser erneuertes Herz uns ganz neue Welten eröffnet werden - Matthäus 5,8: *"Selig sind, die reinen Herzens sind; denn sie werden Gott schauen"*. Halleluja!

Früchte der Wahrheit

"Ein guter Baum kann keine schlechten Früchte bringen, und ein schlechter Baum kann keine guten Früchte bringen. Jeder Baum, der keine gute Frucht bringt, wird abgehauen und ins Feuer geworfen. Darum werdet ihr sie an ihren Früchten erkennen. Nicht jeder, der zu mir sagt: Herr, Herr! wird in das Reich der Himmel eingehen, sondern wer den Willen meines Vaters im Himmel tut".

Matthäus 7, 18-21

Wir sind alle, ohne Ausnahme, abgewichen und verdorben. Eine faule Frucht hat etwas mit einem unbußfertigen Herzen zu tun, und somit, als Auslöser, mit einer fatalen Selbsteinschätzung. Daß diese Gefahr besteht, macht die Bibel deutlich und ermahnt uns, nicht höher von uns zu denken, als es sich gebührt (Römer 12,3). Bescheidenheit tut uns Not. Gott schenkt den Demütigen Gnade, aber den Hochmütigen widersteht er (Sprüche 3,34). Das ist genau der Punkt in dieser Sache. Ein Beispiel hierfür ist dann auch die Reaktion derjenigen, die vor Gott eines Tages *"Herr, Herr"* sagen, und angeblich in Gottes Namen viel Gutes getan haben, aber vom HERRN nie gekannt wurden (Matthäus 7,23). Eine weitere Begebenheit: Jesus saß mit Zöllnern, Sündern und seinen Jüngern zusammen am Tisch. Die Pharisäer sahen dies, und waren brüskiert und verwundert, und fragten die Jünger warum ihr Meister so etwas tut? In Matthäus 9, 12-13 lesen wir dann: *"Als das Jesus hörte, sprach er: Die Starken bedürfen des Arztes nicht, sondern die Kranken. Geht aber hin und lernt, was das heißt (Hosea 6,6): »Ich habe Wohlgefallen an Barmherzigkeit und nicht am Opfer.« Ich bin gekommen, die Sünder zu rufen und nicht die Gerechten"*. **Wir wissen, daß ein Mensch vor Gott grundsätzlich weder stark noch gerecht ist.** Wenn man es dennoch wohlwollend verstehen will, kann man sagen, daß Jesus Menschen suchte, die noch keine Christen waren, und keine, die im Glauben (im HERRN) stark und durch die Gnade bereits gerecht waren (Epheser 6,10). Die meisten Pharisäer hielten sich ja (ohne Jesus) für gerecht und stark – so etwas mag es geben. Aber wir wissen ja auch, daß Jesus auf diese Schriftgelehrten seinerzeit nicht so gut zu sprechen war (Matthäus 23,13).

Jesus hat hier nun sicherlich nicht gemeint, diese Pharisäer wären stark und gerecht, sondern einfach gezeigt, daß es durchaus gläubige Menschen gibt, die für sich in Anspruch nehmen, nicht ganz so *"verdorben und abgewichen"* zu sein wie andere. Und die saßen dann auch noch mit Jesus am Tisch. Wer sich selbst als *"Christ"* vor anderen gläubigen Menschen und vor Gott, so einschätzt, daß er es weniger nötig hat, aus vollkommener Gnade erlöst zu werden, ist so ein fauler Baum mit entsprechenden Früchten, die da wären: Hochmut, Selbstgerechtigkeit und Religiosität! **Echter Glaube hat eine Buße zur Folge, die sich nicht auf Illusionen über sich selbst oder eigener Werke bezieht und beruft, sondern einzig und allein auf die unverdiente, freie und souveräne Gnade Gottes**. Die wird einem in der Buße geschenkt (Römer 2,4). Der Grund für die Absage von *"gläubigen Menschen"*, vor Gott, liegt in ihrem lügen- und somit mangelhaften Verständnis der eigenen großen Bedürftigkeit nach Erlösung. Man kann sich Gott gegenüber nicht emanzipieren wollen, wenn die totale Kapitulation notwendig ist. So jemand (wenn er nicht umkehrt) wird im Himmel nicht zu finden sein, denn diese suchen keinen Erlöser, sondern sich selbst - und haben somit dann auch keine persönliche Beziehung zu Gott und entsprechend keine Neugeburt erfahren. Kann man also als Gläubiger verloren gehen? Ja, wenn man nicht von seiner existentiellen Errettung aus unverdienter, aber notwendiger Gnade überzeugt ist, und somit kein Kind Gottes sein kann. Ein guter Baum ist jemand, der sein ewiges Heil (die uneingeschränkte Vergebung seiner Sünden) in Jesus Christus gesucht und aus Gnade auch gefunden hat - und das wissen darf!

Sie schämten sich nicht

"Ich rate dir, dass du Gold von mir kaufst, das im Feuer geläutert ist, damit du reich werdest, und weiße Kleider, damit du sie anziehst und die Schande deiner Blöße nicht offenbar werde, und Augensalbe, deine Augen zu salben, damit du sehen mögest."

Offenbarung 3,18

Es war keine Schande vor Gott nackt zu sein - so wie es ursprünglich im Paradies vor dem Sündenfall gewesen ist (1. Mose 2,25: *"Und sie waren beide nackt, der Mensch und sein Weib, und sie schämten sich nicht"*). Diese Nacktheit drückte etwas Unzertrennliches aus. Zum einen der Mensch in Bezug zu Gott, seinem Schöpfer und zum anderen, der Mensch und sein Leib - da war nichts dazwischen. Durch den Sündenfall ändere sich alles! Der Mensch fing an sich mit sich selbst zu identifizieren - er beobachtete sich quasi in einer unguten Art und Weise selbst, sah daß er nackt war und versteckte sich danach vor Gott (1. Mose 3, 10-11). Wenn wir nun genau überlegen, welche Folgen das hatte nicht mehr nackt sein zu können, fangen wir an zu verstehen, was wirklich passiert ist. **Der Mensch brauchte nun Kleider weil er das Paradies und Gott verlassen hatte.** Nun lesen wir, daß Gott persönlich Adam und Eva Röcke aus Fellen machte und sie ihnen sogar selbst anzog (1. Mose 3,21). Trotz der schlimmen Geschehnisse und des Ungehorsams der beiden ersten Menschen, drückt diese Handlung Gottes für mich eine große Liebe, Anteilnahme, Fürsorge und Zärtlichkeit aus. Das ist so wie eine Mutter, die ihr kleines, geliebtes Kind täglich wäscht, anzieht, ernährt und pflegt und dann laufen lässt. Das macht sie auch wenn das Kind ungehorsam oder frech war - sie kann nicht anders, wird aber auch ein Ziel verfolgen und irgendwann loslassen müssen. Für die Felle die Adam und Eva bekleideten, mussten Tiere geopfert werden - ein erster Hinweis auf das Lamm Gottes Jesus Christus (Johannes 1,29). Im Laufe der Zeiten brauchte man dann Geld oder Waren um sich zu kleiden, zu ernähren und um irgendwo zu wohnen und zu arbeiten. Der Lebensunterhalt musste erwirtschaftet werden - genauso wie heute!

Gott fordert uns nun auf Gold bei ihm zu kaufen - geläutertes Gold (ein Hinweis auf bestandene und überwundene Anfechtungen) - damit ist also gemeint, daß wir unser Leben bewusst aus Gottes Hand nehmen sollen, um zu lernen, zu überwinden, auszuharren, zu kämpfen um am inneren Menschen stark zu werden (Epheser 3,16). Wir sollen gottgegebene und zugelassene Lebenserfahrungen *"kaufen"*. **Gott gibt uns den guten Rat es genauso anzunehmen - unser Leben, damit wir reich werden, bekleidet sind und wirklich sehen können.** Im Alten Testament galt Nacktheit als Zeichen für

Gericht und Demütigung. Zugleich war das Anziehen mit feinen Kleidern ein Zeichen der Ehre. Die wirkliche Schande ist nicht unser Menschsein, unsere Nacktheit oder unsere gefallene Natur, sondern unsere Bereitwilligkeit lieber unserer blinden Armut zu vertrauen und sie zu behalten, anstatt uns von Gott mit weißen, edlen Kleidern anziehen zu lassen - als Zeichen von Reinheit und Vollkommenheit. In Jesus Christus, dem Lamm Gottes, wurde das wahr und möglich. Adam und Eva hätten sicherlich auch diese weißen Kleider erhalten anstatt Felle von toten Tieren. So kam es nicht. Es wäre eine Schande in schmutzigen, stinkenden und zerrissenen Kleidern wo alles herausschaut vor Gott treten zu müssen, und selbst das so nicht sehen zu wollen. Das wäre eine elende Tragödie, eine unfassbare Dummheit und eine unselige Verdrehung der Tatsachen. Das ist der heutige Zustand der Welt. Um etwas zu werden vor Gott brauchen wir geläutertes Gold und Augensalbe - das ist unser Teil und unser tägliches Leben. Nur so werden wir zum wertvollen Überwinder und zum Lob seiner Herrlichkeit (Epheser 1, 11-12). Gott zieht uns jeden Tag neu an - lassen wir es zu. Das macht uns reich, verständig, sehend, dankbar, stark und vertrauend. Das ist mehr wert als jeder irdische Reichtum, der sowieso vergehen wird.

Dank opfern

"Wer Dank opfert, der preiset mich, und da ist der Weg, daß ich ihm zeige das Heil Gottes."

Psalm 50,23

Jemandem zu danken ist vor allem eine Sache der Einstellung und der Herzenshaltung. Es hat etwas mit praktischem Nachdenken zu tun. Wer etwas wirklich opfert, lässt es sich auch etwas kosten. Ein *"billiges Opfer"* wäre hier unangemessen und im Grunde auch etwas paradoxes. Was man quasi locker aus dem Ärmel schütteln kann ist kein Opfer. Was es für einen Menschen wirklich bedeutet etwas hinzugeben und aufzugeben sieht allein Gott. Was es mich kostet meine Dankbarkeit zu zeigen sehen wir untereinander nie so klar und tief wie unser Vater im Himmel. Am Beispiel der armen Witwe (Markus 12, 41-44) die alles was sie zum Leben hatte spendete, wird das deutlich. Gott sieht nicht zuerst das Große und Auffällige sondern das, was wirklich hinter einer Handlung steht - meine Einstellung! Dank äußert sich wohl nicht in erster Linie in Form von Geldzuwendungen, sondern zuerst in meiner Gesinnung und meinem aufrichtigen Wunsch, einer bestimmten Sache/Person meine Unterstützung und meinen ehrlich gemeinten Dank deutlich zu machen. **Gott nimmt es für sich selbst in Anspruch (aus gutem Grund) das Ziel des Dankes zu sein.** Wenn wir uns der Dinge annehmen wollen, die ihm dienen und ihn ehren und loben, dann opfern wir Dank! Was wir dem geringsten Bruder (Schwester) getan haben, haben wir Gott getan (Matthäus 25,40). Das ist auch eine Form des Gottesdienstes und viele Einstellungs(opfer) wert. Ich hatte früher Schwierigkeiten zu verstehen wie man denn nun als begnadigter Mensch vor Gott praktisch leben kann? Laut Bibel (Johannes 15,5) kann ich ja ohne Jesus nichts tun und allein der (geschenkte) Glaube und Gottes

Gnade ohne Werkgerechtigkeit waren relevant. Was fange ich nun an?

In Römer 3,24+28 steht entsprechend: *"Doch werden sie allein durch seine Gnade ohne eigene Leistung gerecht gesprochen, und zwar aufgrund der Erlösung, die durch Jesus Christus geschehen ist"*. Und Vers 28: *"Denn wir sind zu dem Schluss gekommen, dass ein Mensch durch Glauben für gerecht erklärt wird und nicht durch das Einhalten von Gesetzesvorschriften"*. Für mich war das dann fast so wie ein Aufruf zum Stillstand nach dem Motto: *"Ich bin nichts, kann nichts, darf nichts, habe nichts und sehe auch nichts"*. Im Laufe der Zeit ist mir dann *"doch"* klar geworden, was Gott sich von mir wünscht: **ER will ernstgenommen, geachtet und ganz praktisch zurück geliebt werden.** Nicht weil Gott geltungssüchtig wäre, sondern weil er die wahre Liebe ist und sich aufgeopfert hat für die Menschheit (Johannes 3,16) - für mich! Gott ist das Leben (Johannes 14,6). In meiner Einstellung und meinem Verhalten darf ich nun zeigen daß ich das anerkenne und von Herzen dankbar annehmen will - jeden Tag! Nicht weil ich mir diese Gnade erkaufen könnte, sondern aus verstandener Liebe und Freude. Ohne Gott waren und sind wir sprichwörtlich nichts! Und je mehr wir das begreifen und in Gott und unserer Kindschaft den Sinn des Lebens sehen, umso intensiver erkennen wir das Heil und den Segen Gottes an uns. Sollte es dann noch schwer fallen ganz praktisch Dank zu opfern?

Kein fruchtloses Leben

"Lass aber auch die Unseren lernen, sich hervorzutun mit guten Werken, wo sie nötig sind, damit sie kein fruchtloses Leben führen".

Titus 3,14

Eine beim Menschen angekommene, nichts bewirkende Gnade, wäre ein Widerspruch in sich selbst. Das wäre so, wie ein liebevoll zubereitetes Festmahl, daß man anschließend in die Biotonne wirft, und sich gleichzeitig über die Verschwendung von Lebensmitteln beschwert. Gnade geht alleine von Gott aus, aber die guten Taten tun sich nicht von alleine, auch wenn Gott sie für uns vorbereitet (Epheser 2,10). Sind wir hier aufmerksam und bemüht, tun wir das, was in Römer 12,21 steht: *"Lass dich nicht vom Bösen überwinden, sondern überwinde das Böse mit Gutem"*. Blinder Aktionismus ist hier nicht gemeint, also *"gute Taten"* an allem und jedem, ob das Sinn macht oder nicht und gewollt ist oder nicht. Paulus betont bei den Werken, daß sie getan werden sollen, *"wo sie nötig sind"*. Das impliziert dann eben auch, daß es möglich ist, seine Dienste (selbst wenn es gut gemeint ist) zu deplazieren. **Andererseits ist es auch kein Verbrechen, wenn man manche Situationen falsch einschätzt - man lernt daraus.** Wie erwähnt schreibt Paulus in Epheser 2,10: *"Denn wir sind sein Werk, geschaffen in Christus Jesus zu guten Werken, die Gott zuvor bereitet hat, dass wir darin wandeln sollen"*. Das beinhaltet dann eben auch, daß wir unsere Augen offen halten und eine gewisse Sensibilität für

Situationen entwickeln und uns zu Eigen machen. Ignoranz und selbst auferlegte Unempfindlichkeit sowie hochmütiges Desinteresse in Momenten, wo meine Hilfe (mein zuhören) und meine guten Taten angebracht wären, können dann auch zur Sünde werden. Jakobus stellt fest: *"Wer nun weiß, Gutes zu tun, und tut's nicht, dem ist's Sünde"* (Jakobus 4,17). Darum werden wir auch aufgefordert unsere eigenen Werke (nicht die von anderen) ernsthaft zu prüfen - Galater 6, 4-5: *"Ein jeder aber prüfe sein eigenes Werk; und dann wird er seinen Ruhm bei sich selbst haben und nicht gegenüber einem andern. Denn ein jeder wird seine eigene Last tragen".* Es ist nicht jeder für jedes gute Werk auch geeignet und die richtige Person.

Man kann sich auch falsche Lasten aufladen, indem man sich in Dienste und Aufgaben hineindrängt, die nicht für einen bestimmt sind, und für die man auch nicht begabt ist. Aber wenn man nichts tut, kann man das auch nicht herausfinden. Daß wir unseren Ruhm bei uns selbst haben, bedeutet gewiss nicht, daß wir uns selbst auf die Schulter klopfen sollten, sondern uns einfach darüber freuen dürfen, wenn wir gelegene Zeiten und Situationen tatsächlich und nachweislich zu etwas Gutem nutzen konnten. Hierbei können wir uns auch einander unterstützen und ermutigen. Eine Voraussetzung wäre, daß wir anderen Glaubensgeschwistern auch ermöglichen sie zu sehen und uns auch selbst sehen zu lassen. Darum sollen wir zum Beispiel die Gemeindestunden auch nicht versäumen (Hebräer 10, 23-24). **Wen man nicht sieht, dem kann man nicht dienen und ihm helfen bzw. nachfragen wie es ihm geht.** Das Prinzip der Welt ist, daß man seine Investitionen möglichst doppelt und dreifach auf irgendeine Weise wieder zurückbekommt. Sie verkündet, daß jeder selbst schauen muss wo er bleibt, weil einem sowieso nichts geschenkt wird. So sollten wir als Christen nicht eingestellt sein. Nicht im übertragenen Sinne: *"Eine Hand wäscht die andere"*, sondern ich wasche meinem Bruder und meiner Schwester die Füße (Johannes 13,14) und diene (vergebe) ihnen so wie ich es kann, sehe und Gott es führt. Aktive Vergebung ist auch eine gute Tat. Ich sollte nicht in erster Linie dienen um selbst etwas zu bekommen. Mit guten Taten (auch an Ungläubigen) beweisen wir der Welt, daß wir Gottes Kinder sind - wie sollten sie es sonst sehen und erkennen? Aber wir müssen auch keine Angst haben vergessen zu werden und selbst zu kurz zu kommen. In 2. Korinther 9,8 lesen wir: *"Gott aber kann machen, dass alle Gnade unter euch reichlich sei, damit ihr in allen Dingen allezeit volle Genüge habt und noch reich seid zu jedem guten Werk...".*

Nichtzweifeln ist Glaube

"Es ist aber der Glaube eine feste Zuversicht auf das, was man hofft, eine Überzeugung von Tatsachen, die man nicht sieht".

Hebräer 11,1

In der Elberfelder-Übersetzung lautet der Eingangsvers so: *"Der Glaube aber ist eine Wirklichkeit dessen, was man hofft, ein Überführtsein von Dingen, die man nicht sieht".* Luther übersetzt das mit einer festen Zuversicht und einem Nichtzweifeln, was man nicht sieht. Glaube wird landläufig mit einem *"Nichtwissen"* gleichgesetzt. Besonders die Nichtgläubigen legen wert darauf, daß Glaube eine rein subjektive Sache ist, die nicht auf Fakten beruht, und daher die Wirklichkeit gänzlich ausschließt und nur auf eingebildeten Wunschträumen basiert. **Aber man ist aus christlicher Sicht nicht ungläubig weil man nicht glaubt, sondern weil man hartnäckig zweifelt.** Denn der Glaube ist ja real und Gott keine Einbildung. Von daher zweifelt man daran, daß Gott existiert, die Bibel Gottes Wort ist und die Christen etwas wissen und haben, was einem selbst fehlen könnte. Der Zugang zu Gott erfolgt aber ausschließlich aus einem Nichtzweifeln, also aus Glauben heraus. Entsprechend steht in Hebräer 11,6: *"Aber ohne Glauben ist's unmöglich, Gott zu gefallen; denn wer zu Gott kommen will, der muss glauben, dass er ist und dass er denen, die ihn suchen, ihren Lohn gibt".* Ein Zweifler sucht nicht. Nun ist es so, daß auch ein Gläubiger durchaus aus Frust und Müdigkeit heraus anfangen kann zu zweifeln. Nicht so, daß er ein Nichtgläubiger und Gottesleugner wird, aber doch in der Weise, daß sein Leben der Nachfolge durch Anfechtungen, Nöte, Ängste, Sorgen und Oberflächlichkeiten ihn zu einem leichten Opfer des Teufels werden lassen könnten. Wenn uns Paulus in Epheser 6,16 mitteilt, daß wir den *"Schild des Glaubens"* dazu verwenden sollen, die *"feurigen Pfeile des Bösen"* abzuwehren, so sind damit die Pfeile des Zweifels gemeint. Daß Gott uns nämlich möglicherweise doch nicht liebt, uns zu kurz kommen lässt, oder vergessen hat, und die Bibel ja vielleicht doch Widersprüche enthält?

Besonders wenn wir krank, angefochten, bedrängt, in schwierigen Situationen stecken, oder sich keine gewünschten Veränderungen in unserem Leben ergeben, dann fangen wir an zu zweifeln. Dann haben wir den Schild des Glaubens in der Ecke stehen lassen. Der Teufel, ist nicht blöd. Ein Sprichwort sagt: *"Steter Tropfen höhlt den Stein"* und nebenbei bemerkt, ein Mensch ist nicht so hart und gleichgültig wie ein Stein. Er ist lebendig, empfindsam, beeinflussbar und nachdenkend. In Jakobus 1, 5-8 lesen wir: *"Wenn es aber jemandem unter euch an Weisheit mangelt, so bitte er Gott, der jedermann gern gibt und niemanden schilt; so wird sie ihm gegeben werden. Er bitte aber im Glauben und zweifle nicht; denn wer zweifelt, der gleicht einer Meereswoge, die vom Winde getrieben und bewegt wird. Ein solcher Mensch denke nicht, dass er etwas von dem Herrn empfangen werde. Ein Zweifler ist unbeständig auf allen seinen Wegen".* Halten wir an folgendem fest: Gott ist treu, auch wenn wir es nicht immer sind (Römer 3,3). Das heißt Gott steht zu uns, komme was wolle. Es ist eine einseitige Treuebekundung. Gott kennt uns, will uns, liebt uns und bringt uns ins Ziel. Unser Heil ist sicher (1. Johannes 3,1) weil wir gerecht gesprochen worden sind durch den rettenden Glauben (2. Korinther 5,21). **Es spricht wirklich und wahrhaftig gar nichts dagegen Gott weiterhin im Hier und Jetzt ganz zu vertrauen - alles wird gut!** Wir sind Gläubige, versiegelt und gesegnet und geliebt - Halleluja! In Judas 22, 20-22 steht: *"Ihr aber, meine Lieben, erbaut euch auf euren allerheiligsten Glauben und betet im Heiligen Geist, und erhaltet euch in der Liebe Gottes und wartet auf die Barmherzigkeit unseres Herrn Jesus Christus zum ewigen Leben. Und* *erbarmt euch derer, die zweifeln...".* Das tun wir auch dadurch, daß wir unser Nichtzweifeln deutlich machen, wann auch immer es gefragt ist - zur Ehre Gottes!

Das letzte Wort hat Gott

'Der Amtmann über das Gefängnis kümmerte sich um nichts; denn der HERR war mit Josef, und was er tat, dazu gab der HERR Glück."

1. Mose 39,23

Die Frau des Obersten der Leibwächter des Pharao (Potifar) hatte durch Verleumdung und Lüge dafür gesorgt, daß Josef ins Gefängnis eingesperrt wurde. Sie hatte ein Auge auf ihn geworfen und ist sozusagen abgeblitzt und war danach offensichtlich sehr in ihrem Stolz gekränkt. Ihre Lügen waren ihre Rache. Was mich an diesem eher traurig und wütend machenden Bericht erstaunt und ermutigt hat, sind die Geschehnisse im Gefängnis (Vers 21). Der Chef des Gefängnisses empfand Zuneigung und Symphatie für Josef und vergaß darüber seine Pflichten - er kümmerte sich um nichts! Herrlich, oder? Gott war mit Josef! Und das sah der Amtmann und vergaß alles um sich herum. Können wir also nicht freudig feststellen, daß es sein kann (wenn Gott es so will) sich letztlich jeder der Autorität Gottes unterordnen muß? So ist es. In welchen Umständen wir auch immer sind, und wer anscheinend Macht über uns ausüben kann (sei er wer er wolle), er wird nichts tun können wenn Gott andere Pläne hat. In Sprüche 21,1 steht: *"Des Königs Herz ist in der Hand des HERRN wie Wasserbäche; er lenkt es, wohin er will".* Ob ein Machtmensch das nun registriert daß er Gottes Willen ausführt oder nicht, spielt hierbei keine Rolle. Selbst das Böse was einer im Sinn hat und ausführt, kann Gott letztlich zum Guten und Richtigen führen. Die Brüder Josefs hatten es böse gemeint, als sie Josef als Sklaven nach Ägypten verkauften. Aber Gott meinte es gut und wendete alles. Eine andere Sache ist, daß wir durchaus der weltlichen Obrigkeit untertan sein sollen (Römer 13.1), aber es ist im Zweifelsfall bzw. bei offenem Unrecht wichtiger und besser, Gott mehr zu gehorchen als den Menschen (Apostelgeschichte 5,29). **Manchmal muss man das Unrecht vielleicht auch (vorübergehend) ertragen.** Aber auch dann geschieht es zum einen zu unserem Besten (Römer 8,28), und es dient zum anderen einem höheren Zweck, den wir noch nicht sehen und erkennen. Gott schon. Die Geschichte um Josef und seinen Brüdern zeigt das deutlich. Alles hat auch hier seine Zeit.

In Prediger 3,17 steht: *"Gott wird richten den Gerechten und den Gottlosen; denn alles Vorhaben und alles Tun hat seine Zeit".* Wir sollen sicherlich nicht gegen alles und jeden in dieser Welt demonstrieren und uns allem verweigern was die Obrigkeit verordnet. Daß es in dieser Welt oft keine Gerechtigkeit gibt und viele gottlose Gesetze vorhanden sind, wissen wir. Aber es ist manchmal tatsächlich besser sich übervorteilen zu lassen als auf sein Recht zu pochen. Das Beispiel Josef macht es deutlich. Als Christen leben wir nicht von Zufällen auch wenn es uns vielleicht in manchen Situationen so vorkommen mag. Aus der Begebenheit um Josef erfahren wir, daß Gott Unrecht zu seiner Zeit oder auch sofort dazu benutzen kann um Türen zu öffnen durch die wir sonst nie gegangen wären. Geschweige denn daß wir sie überhaupt wahrgenommen hätten. Josef legte einigen Mitgefangenen ihre Träume aus (eine Gabe Gottes) was bis zum Pharao Wellen schlug. Dieser bediente sich ebenfalls der Fähigkeiten Josefs mit dem Ergebnis, daß der verkaufte Sklave und Gefängnisinsasse Josef vom ägyptischen Herrscher zum obersten Amtmann über das ganze Land ernannt wurde. Er wurde sozusagen der Landesvater (1. Mose 41, 37-46) und bekam obendrein noch eine Ehefrau, Ruhm und Ehre. Was können wir daraus lernen? **Wir sollen Gott für unsere Sache streiten lassen und nicht gleich wild um uns schlagen wenn Ungemach droht und uns Ungerechtigkeiten ereilen (2. Mose 14,14).** Davon werden wir vermutlich nicht immer verschont. Warten kann sich dennoch lohnen, weil wir nicht auf den Zufall oder günstige Momente hoffen oder auch mühsam uns eine Strategie zusammen basteln um zurück zu schlagen müssen, sondern weil Gott unsere Hilfe und Stärke ist. Nicht wir selbst. Er ist er Allmächtige und er allein hat in allem das letzte Wort. Und das ist auch gut so.

Wahre Realitäten

'Er fragte sie: Wer sagt denn ihr, dass ich sei? Da antwortete Simon Petrus und sprach: Du bist Christus, des lebendigen Gottes Sohn! Und Jesus antwortete und sprach zu ihm: Selig bist du, Simon, Jonas Sohn; denn Fleisch und Blut haben dir das nicht offenbart, sondern mein Vater im Himmel."

Matthäus 16, 15-17

Wenn jemand von sich hätte behaupten können Jesus Christus etwas gekannt, verstanden und wahrgenommen zu haben, dann doch am ehesten dieser Simon Petrus, den Jünger, der eine besondere Stellung und Aufmerksamkeit in der Gemeinschaft der Zwölf hatte. Aber nicht die körperliche Nähe, das gemeinsame essen und trinken, seine dreijährige, unmittelbare Nachfolge Jesu oder die hautnahen Erlebnisse der Wunder und Reden des Sohnes Gottes haben Petrus dazu gebracht Jesus als den zu erkennen, der er wirklich war und ist. **Es war eine Offenbarung durch den himmlischen Vater und nichts anderes!** Viele Menschen kannten Jesus äußerlich und auch heutzutage ist der *"historische Jesus"* vielen ein Begriff. Aber das führt maximal zu einer gewissen Religiosität und vielleicht Sympathie, aber nicht zur Neugeburt aus Wasser und Geist

(Johannes 3,5). Was den Glauben betrifft, so hat nicht derjenige einen Vorteil, der nahe an Jesus dran war, sondern wer Jesus innerlich berührte, egal wie weit weg man war oder in welcher Zeit und Umgebung man lebte. Das zählt gerade auch heute - 2000 Jahre danach! Der Apostel Paulus bringt es auf den Punkt: *"Darum kennen wir von nun an niemanden mehr nach dem Fleisch; und auch wenn wir Christus gekannt haben nach dem Fleisch, so kennen wir ihn doch jetzt so nicht mehr"* (2. Korinther 5,16). Gerade Paulus musste ja ganz genau wissen was er da schrieb. Gerade er kannte Jesus anfangs nur vom Hörensagen, verfolgte sogar die Christen und bestrafte sie für ihren Glauben an den Sohn Gottes (Apostelgeschichte 26, 9-11). Nachdem Gott dann eingegriffen hatte, und Jesus dem Paulus sozusagen hörbar und sichtbar und im Geiste persönlich begegnete, änderte sich alles (Galater 1, 16-23). Seine bisherigen Erkenntnisse (die nicht alle falsch waren) berührten nun zum erstenmal die geistliche Wirklichkeit. Jesus wurde für ihn unabhängig von seiner äußeren und theoretischen Erscheinung zur Realität, Wahrheit und göttlichen Offenbarung (1. Korinther, 6,17).

Man kann im Glaubensleben so einiges mit dem Verstand *"regeln"* ohne dabei die Wirklichkeit zu berühren - sei es im Gebet, der Predigt, dem Vergeben, der Fürbitte, der Taufe, der Evangelisation und sogar der Liebe und beim Abendmahl. Alles davon kann man praktizieren und dennoch unter Umständen (möglicherweise) nicht wirklich. Nicht das äußere Verhalten alleine schenkt uns wahren Segen und innere Beteiligung und diese *"geistliche Berührung"*, sondern allein die innere Beteiligung an Gottes Realität durch den Geist des HERRN. Wenn wir beispielsweise die Briefe des Paulus an die verschiedenen Gemeinden lesen, spürt man doch eine echte Beziehung zu diesem Apostel Gottes. Wir spüren innerlich was er für ein Mensch war und können uns im Geiste in seine Zeit und sein Leben hineinversetzen. Und nicht zuletzt auch in seine geisterfüllten Gedanken (Johannes 14,17). Wir erkennen die geistliche Bedeutung dieser Worte obwohl wir Paulus nie persönlich kannten und sahen. **Seine Wirklichkeit wird zu unserer Wirklichkeit weil wir denselben Geist haben als Kinder Gottes (2. Korinther 4,13)!** Ebenso verhält es sich auch mit allem anderen im praktischen Glaubensleben. Nicht umsonst spricht Jesus auch vom *"lebendigen Wasser"* in Bezug auf sich und den Heiligen Geist (Johannes 4,10). Paulus schreibt den Korinthern daher folgerichtig: *"Ihr seid unser Brief, in unser Herz geschrieben, erkannt und gelesen von allen Menschen! Ist doch offenbar geworden, dass ihr ein Brief Christi seid, durch unsern Dienst zubereitet, geschrieben nicht mit Tinte, sondern mit dem Geist des lebendigen Gottes, nicht auf steinerne Tafeln, sondern auf fleischerne Tafeln, nämlich eure Herzen"* (2. Korinther 3, 2-3). Irdisch und weltlich macht das keinen Sinn, aber geistlich und von Ewigkeit her absolut.

Deine Tage, Gottes Kraft

"Und über Asser sprach er: Asser ist gesegnet unter den Söhnen. Er sei der Liebling seiner Brüder und tauche seinen Fuß in Öl. Von Eisen und Erz sei der Riegel deiner Tore; dein Alter sei wie deine Jugend"!

5. Mose 33, 24-25

Mose sprach den Segen Gottes aus über die einzelnen Stämme Israels. Über Asser wird unter anderem gesagt, daß es nicht an Nachkommen fehlen wird und die Ölernte überschwänglich sein wird. Entsprechend werden Sicherheit, jugendliche Stärke und feste Schritte die Folge sein. Was bedeutet dies für uns? Öl ist in der Bibel auch das Synonym für den Heiligen Geist. Ohne dieses Öl würden wir weder glauben können, noch überhaupt etwas von Gott und seinen Segnungen wahrnehmen und erst recht nicht aus dem Reichtum Gottes leben können. Mit den Füßen im Öl zu stehen bedeutet einerseits, daß die Ernte damals so groß war, daß diese freudige Handlung so möglich war. **Aber es bedeutet im übertragenen Sinne auch, daß man seine Wege in der Gnade Gottes und durch den Heiligen Geist gehen könnte und durfte.** Die Füße sind ja dazu da, sich fortzubewegen und die Wege zu gehen, die Gott zuvor bereitet (Epheser 2,10: *"Denn wir sind seine Schöpfung, erschaffen in Christus Jesus zu guten Werken, die Gott zuvor bereitet hat, damit wir in ihnen wandeln sollen"*). Ohne Öl können wir weder diese Wege sehen, noch sie gehen. Wie sehr war also Asser gesegnet, sozusagen im Öl baden zu können. Und wenn wir dann weiterlesen, daß unsere Kraft das Resultat unserer Tage sind (Luther), dann ist damit eben gemeint, daß Tage, die durch dieses Öl in besonderer Art und Weise gesegnet sind, vor Kraft und Zuversicht und Freude nur so strotzen. Alles wird gelingen und vor dem was noch kommen könnte, fürchtet man sich in keinster Weise. Man freut sich sogar darauf, weil Gott mit einem ist - durch den Heiligen Geist. Eines erscheint mir hier noch wichtig. Als neutestamentlich Gläubige, die mit dem Heiligen Geist versiegelt sind (Epheser 1,13: *"In ihm seid auch ihr, nachdem ihr das Wort der Wahrheit, das Evangelium eurer Errettung, gehört habt — in ihm seid auch ihr, als ihr gläubig wurdet, versiegelt worden mit dem Heiligen Geist der Verheißung..."*) haben wir auch Verantwortung. Es gibt keinen frommen Automatismus.

Wir sollen sozusagen wie Asser unsere Füße in Öl baden und das Öl nicht wegkippen oder es ungenutzt in der Sonne stehen lassen. Das wäre töricht und contraproduktiv. Leider verhalten wir uns manchmal so und betrüben dann den Heiligen Geist (Epheser 4,30). Sich diesem Öl auszusetzen bedeutet in der Praxis einfach, daß man die christlichen Tugenden und geistlichen Notwendigkeiten nicht ignoriert, übersieht, vernachlässigt oder als selbstverständlich ansieht. Sondern eben in aller Praxis sich diese geistliche Nahrung beständig und mit der rechten Einstellung auch zuführt. Zum einen ist alles Gnade und Barmherzigkeit Gottes, und zum anderen sind Dinge wie Gebet, Fürbitte, Bibelstudium, Gemeinschaft, Zeugnis, Hilfsbereitschaft und Glauben eben unerlässlich, wenn man geistlich in dieser bösen Welt nicht nur dahinvegetieren will, sondern Kraft hat und für Gott brauchbar sein will. **Sicherlich sind unsere Tage mitunter sehr unterschiedlich. Unter anderem auch, weil jeder Tag seine eigene Plage hat (Matthäus 6,34)**. Aber was wir dennoch leisten, ertragen, voranbringen oder auch verstehen sollen, wird Gott uns durch die Kraft des Heiligen Geistes für jeden einzelnen

Tag auch geben und so ermöglichen. Nicht jeder Tag ist dazu da um Bäume auszureissen oder Festungen zu erstürmen. Aber wir dürfen und sollen bereit sein, in der Kraft Gottes, die Dinge anzupacken die unseren Weg kreuzen und einfach dran sind, wenn sie uns begegnen. Das können manchmal auch eher kleine Dinge, Gesten, Handlungen und Tätigkeiten sein. Die Bibel sagt, daß unsere Treue im Kleinen auch wertvoll und wichtig ist und Gott auch zeigt, daß wir uns nicht dafür zu schade sind, auch in diesen Momenten das Beste und Richtige zu tun und somit Gott zu ehren (Lukas 16,10). Amen.

Heiliger Kampf

"Und schließlich: Lasst euch stark machen durch den Herrn, durch seine gewaltige Kraft! Zieht die volle Rüstung Gottes an, damit ihr den heimtückischen Anschlägen des Teufels standhalten könnt. Wir kämpfen ja nicht gegen Menschen aus Fleisch und Blut, sondern gegen dämonische Mächte und Gewalten, gegen die Weltherrscher der Finsternis, gegen die bösartigen Geistwesen in der unsichtbaren Welt. Greift darum zu den Waffen Gottes, damit ihr standhalten könnt, wenn der böse Tag kommt, und dann, wenn ihr alles erledigt habt, noch steht! Steht also bereit: die Hüften umgürtet mit Wahrheit; den Brustpanzer der Gerechtigkeit angelegt; die Füße mit der Bereitschaft beschuht, die gute Botschaft vom Frieden mit Gott weiterzutragen! Greift vor allem zum Großschild des Glaubens, mit dem ihr die Brandpfeile des Bösen auslöschen könnt. Setzt auch den Helm des Heils auf und nehmt das Schwert des Geistes, das Wort Gottes, in die Hand! Und betet dabei zu jeder Zeit mit jeder Art von Gebeten und Bitten in der Kraft des Heiligen Geistes, und seid dabei wachsam und hört nicht auf, für alle Gläubigen zu beten".

Epheser 6, 10-18

Auch wenn es sich nicht immer so anfühlt, Christen stehen tatsächlich in einem unsichtbaren geistlichen Kampf. Wir konnten uns das nicht heraussuchen. Wir wurden in diese böse Welt hineingeboren. Dieser Planet ist auch der Aufenthaltsort für allerlei dunkle Mächte und Gewalten, Dämonen und böse Geister. Wer das als Christ eher ignoriert, denkt womöglich, daß alle Hindernisse, Störungen, Probleme, Anfechtungen und Sackgassen auf weltliche Art und Weise abgearbeitet und erledigt werden können. Das ist nicht die Wahrheit. Ohne Glauben, Gebet, Fürbitte und auch manche Flucht geht es einfach nicht. Die Bibel sagt ja ganz klar in was für einer Welt wir tatsächlich leben. Der Eingangstext stellt nüchtern fest: *"Wir kämpfen ja nicht gegen Menschen aus Fleisch und Blut, sondern gegen dämonische Mächte und Gewalten, gegen die Weltherrscher der Finsternis, gegen die bösartigen Geistwesen in der unsichtbaren Welt"* (Epheser 6,12). Es ist wohl wahr, daß manchmal auch Menschen aus Fleisch und Blut versuchen uns das Leben schwer zu machen. **Aber wissen wir immer wer wirklich dahinter steckt und von was sich dieser nervige Mensch bewusst oder unbewusst beinflussen und instrumentalisieren lässt?** Stärke die uns hilft die Dinge wahrheitsgemäß zu erkennen, schenkt uns der Heilige Geist. Gott ist es, der uns letztlich stark macht. Das sind nicht wir selbst durch unsere vermeintliche Kompetenz, Erfahrung oder Persönichkeit. Den Teufel interessiert nicht wirklich wer wir sind oder meinen sein zu müssen. Wo wir uns auf alles andere verlassen, nur nicht auf Gottes Gnade, Vergebung und Hilfe, wird der Feind nicht zögern uns Ärger zu machen. Und dann schafft er es auch. Ihn interessiert nur, daß wir uns auf uns selbst verlassen und so den geistlichen Kampf nicht ernst nehmen. Die Zeiten in denen wir leben, werden sich nicht positiv verändern. Vor allem, wenn es darum geht, die Dinge der Welt nüchtern, richtig, gerecht und realistisch zu erkennen. Vieles wird nur den Schein von Korrektheit, Wahrheit, Gerechtigkeit, Mitleid, Hoffnung, Erfolg und Frieden haben. Und auch der Glauben den manche haben, wird manchmal nur einem vorbeiziehendem Nebel gleichen. Sobald Anfechtungen kommen und die angeblich heile Welt zusammenbricht, laufen sie davon.

Die Dinge zu unterscheiden ist eine der wichtigsten geistlichen Gaben die man heutzutage haben sollte. Danach müssen wir uns ausstrecken um Wahrheit von Lüge unterscheiden zu können. Was beinhaltet die geistliche Rüstung und was sagt sie aus? Unser Heil ist sicher, das Wort Gottes in der Bibel ist die Wahrheit, unsere Gerechtigkeit beruft sich allein auf den gekreuzigten Heiland Jesus Christus. Auf nichts anderes. Einen Jesus, der nicht gekreuzigt wurde (wie der Koran lehrt), und nicht Gottes Sohn genannt wird, ist ein falscher Jesus. **Über diesen Heiland, der den Tod besiegt hat durch seine Auferstehung, darüber dürfen wir Auskunft geben und unsere begründete Hoffnung bereitwillig anderen mitteilen.** Der Glaube überwindet alles. Wir sind gerüstet wenn wir das alles annehmen und darüber auch bescheid wissen durch die Worte der Bibel, die uns persönlich gelten. Darin dürfen wir stark sein, weil es alles der göttlichen Wahrheit entspricht. Nicht unsere Stärke ist hier gefragt, sondern Gottes Stärke ohne den das alles nicht funktionieren könnte. Darum ist Jesus Christus auch der Anfänger und Vollender des rettenden Glaubens. In Hebräer 12,2 steht entsprechend: *"Und dabei wollen wir auf Jesus schauen. Er hat gezeigt, wie der Glaubenslauf beginnt und wie er zum Ziel führt. Weil er wusste, welche Freude auf ihn wartete, hat er das Kreuz und die Schande dieses Todes auf sich genommen...".* Und das hat er für uns getan, so daß wir uns auch freuen dürfen auf den Himmel und die Ewigkeit bei Gott. Auch wenn wir noch so manche Lasten zu tragen haben, unser Gott trägt immer mit. Und so gerüstet ist es ein heiliges Privileg und eine ehrenvolle Aufgabe, den guten Kampf des Glaubens täglich aufzunehmen - zur Ehre Gottes! Wir sind nicht alleine.

Seid heilig

'Darum seid innerlich bereit und fest in eurem Sinn. Bleibt nüchtern, und setzt eure Hoffnung ganz auf die Gnade, die euch beim Offenbarwerden von Jesus Christus erwartet. Und weil ihr jetzt vom Gehorsam bestimmt seid, lasst euch nicht mehr von den Begierden beherrschen, wie ihr das früher getan habt, als ihr noch unwissend wart. Im Gegenteil: Euer Leben soll jetzt ganz von dem heiligen Gott geprägt sein, der euch berufen hat. Denn die Schrift sagt: "Seid heilig, denn ich bin heilig!"

1. Petrus 1, 13-16

Glaube funktioniert nicht, wenn er echt sein soll, ohne Kampf und ohne Überwindung und daß man sein Kreuz täglich auf sich nimmt und bereit ist, den Kampf des Glaubens, der tatsächlich gut ist, beständig aufzunehmen. **Es ist der verordnete Weg der Heiligung, daß wir als Christen auch unsere Kämpfe haben müssen – auch unsere Niederlagen.** Echte Christen kämpfen und ein unsägliches Zeichen für eine aufgesetzte Frömmigkeit ist es, wenn man von diesem Kampf in einem drin gar nichts mitbekommt und wissen will, und denkt, man kann sich da heraushalten. Der Kampf geht gegen diese böse Welt, den Teufel und gegen meine eigenen Gelüste und Begierden und mein sündiges Fleisch, daß gegen den Geist streitet. Wer keine Anfechtungen hat, wird vom Teufel meist auch in Ruhe gelassen, weil er keine Gefahr darstellt und sich auf dem breiten Weg befindet, der nicht zum Ziel führt. Wer allerdings die Schliche des Teufels kennt und erkennt und bereit ist, aufzustehen und zu kämpfen, dem wird auch Gegenwind entgegentreten und versuchen ihn aus der Bahn zu werfen. Kennen wir das? Geistlicher Kampf funktioniert nicht ohne Glauben und Glauben nicht ohne Kampf. Es ist der Glaube der alles überwindet und zum Ziel bringt. Was wir als Nachfolger brauchen ist die Waffenrüstung Christi, die uns zu standhaften Christen macht, weil wir uns unseres Heils sicher sein dürfen, weil wir die Bibel haben. Wir sind erlöste Menschen, denen die Gerechtigkeit Jesu im Glauben zugesagt ist und weil wir in der Heiligung stehen dürfen, die uns verändert, stark macht - auch wenn wir desöfteren schwach sind. Wir dürfen sicher sein, daß Jesus auch für uns persönlich der Anfänger und Vollender des geglaubten Heils an IHN ist und bleibt. Der Kampf des Glaubens ist gut – In vielerlei Hinsicht. Auch weil wir als Christen dadurch in der Welt und vor der Welt ein Zeugnis sind für die Wahrheit des Glaubens und dem Wort Gottes in der Bibel. Was mir auch klar ist, ist der Umstand daß jeder auch seinen eigenen Kampf hat und es keine Schablone gibt, nach deren Prinzip jeder dieselben oder ähnliche Kämpfe auszufechten hat. Ich denke auch, daß in der Heiligung vieles individuell berücksichtigt wird, was wir gar nicht wissen können und vielleicht auch nicht müssen. Die Anfechtungen verändern sich im Laufe der Zeit. Und was mir persönlich leicht oder schwer fällt, ist bei anderen Glaubensgeschwistern vielleicht ganz anders.

Die Anfechtungen sind wohl auch dem Zeitgeist angepasst, so daß die Nachfolge vor hundert Jahren wahrscheinlich andere Prioritäten und Schwierigkeiten mit sich brachte als heutzutage. Ich meine die Versuchungen sind größer und subtiler geworden mit fortlaufender Zeit – auch weil der Teufel weiß, daß er nicht mehr viel Zeit hat Unheil zu stiften und Christen müde und unbrauchbar zu machen. Was mir irgendwie neu klar geworden ist, daß ich die Waffenrüstung Christi eigentlich nie ablegen sollte. Sobald man sie angezogen hat, sollte man sie auch anbehalten! Wenn man den Bibeltext diesbezüglich liest (Epheser 6, 10-16), kann man auch den Eindruck bekommen, daß es etwas ist, was man auch immer wieder ausziehen und in den Kleiderschrank legen könnte. **Klar wird mir nun logischerweise, daß dies nicht der Sinn der Sache ist, weil man sein Christsein ja auch nicht an der Garderobe abgibt, wenn man Dinge tut, die**

nicht direkt mit dem Glauben zu tun haben. Aber das ist ein Irrtum, weil im Grunde ja alles letztlich von Gott gegeben und am Leben erhalten wird und es keine „gottfreie Zone" gibt, weder in der Welt oder in meinem eigenen Leben. Der Teufel macht ja auch keinen Feierabend sondern durchstreift beständig diese Welt um Böses zu tun und Schaden anzurichten. Entsprechend muss ich auch stets gerüstet sein. Wachen und Beten ist also angesagt. Und dies ist aber auch etwas, was man durchaus beständig tun kann ohne zu verkrampfen oder daran gar zu verzweifeln. Es ist ja letztlich der Heilige Geist, der einem alles gegeben hat, was man für ein Glaubensleben benötigt, daß einen auch persönlich mitsamt dieser Welt überwindet. Der Sieg ist schon vorhanden und errungen und im Grunde kann ich entspannt sein, wenn ich verstanden habe, wie der geistliche Kampf funktioniert. Das ist beruhigend, besonders wenn ich versage und dann meist auch ganz genau weiß warum ich wieder versagt habe. Mir persönlich ist ganz klar, daß ich als Christ nicht bis zu meinem Lebensende durch mein Leben schwebe und jedes Hindernis spielend umschiffe und über Anfechtungen und Probleme nur müde lächeln werde. Das wird nicht passieren. Aber es ermutigt mich, daß ich immer wieder aufstehen und weitermachen darf, weil Jesus dafür den Grund und Boden bereitet hat im himmlischen und wirkungsvollen Evangelium.

Beten ist Gottes Wille

"Seid allezeit fröhlich, betet ohne Unterlass, seid dankbar in allen Dingen; denn das ist der Wille Gottes in Christus Jesus an euch".

1. Thessalonicher 5, 16-18

Welche Dinge halten uns davon ab, wichtige Zeit im Gebet mit Gott zu verbringen? Nicht selten sind es konkrete Sünden in meinem Leben. Meistens wissen wir ja ganz genau, wenn wir Falsches, Schlechtes und Böses getan haben. Und dann beschleicht uns das Gefühl, in so einem Zustand vor Gott sowieso nur heucheln zu können. Man schämt sich, schon wieder für die gleiche Sache um Vergebung zu bitten. Zudem hält uns dann unsere neu erwachte fleischliche Gesinnung davon ab, mit der geistlichen Welt in Verbindung zu treten. Das Fleisch ist schwach, auch wenn der Geist willig ist (Markus 14,38). Und beide sind sich nicht eins (Galater 5,17). **Man fühlt sich manchmal nicht geistlich, und soll (will) es trotzdem sein. Das macht es mitunter schwierig.** Aber das Gefühl kann kein Gradmesser für Geistlichkeit sein. Unsere Gebete kommen grundsätzlich deshalb an, weil Jesus Christus für unsere Sünden gestorben ist. Es gibt keinen anderen Grund. In Johannes 4,24 lesen wir: *"Gott ist Geist, und die ihn anbeten, müssen ihn im Geist und in der Wahrheit anbeten"*. Es erscheint daher logisch, wenn wir ungeistlich waren, und die Verführung zuließen oder sogar gesucht haben (schwach waren), daß wir dann nicht immer gleich den Schalter umstellen können, und innerhalb kürzester Zeit vom Saulus zum Paulus werden. Besser wäre sicherlich, Gott darum zu bitten (wenn die Verführung im Kopf kommt) dieser widerstehen zu können durch Gottes Kraft. Das ist sicherlich leichter gesagt als getan, aber wir können uns hier auch trainieren, und so etwas wie *"Gedankenhygiene"* betreiben. Eine Bedingung für das Gebet gibt es eigentlich nicht - nur diese eine: *"Ohne Glauben aber ist es unmöglich, ihm wohlzugefallen; denn wer zu Gott kommt, muß glauben, daß er ist, und daß er die belohnen wird, welche ihn suchen"* (Hebräer 11.6). Gott ist vor der Sünde, aber vor allem auch danach für uns da.

Oswald Chambers hat einmal gesagt: *"Es ist unmöglich für einen Gläubigen, gleich welches seine Erfahrung ist, rechtens vor Gott zu leben, wenn er nicht die Mühe auf sich nimmt, Zeit mit Gott zu verbringen. Verbringen sie viel Zeit mit Gott. Lassen sie andere Dinge sein, aber vernachlässigen sie IHN nicht"*. Wenn wir mit Gott sprechen, dann kann dies durch Bitten, Gebete, Fürbitten und Danksagungen erfolgen (1.Timotheus 2, 1-4). Es ist also nicht so, daß unsere geistliche Kontaktaufnahme immer nur uns selbst zum Mittelpunkt haben sollte, sondern ebenso meine Glaubensgeschwister (Bitten) und andere Mitmenschen (Fürbitten) und nicht zuletzt Gott selbst (Danksagung). **Wenn wir uns zu schlecht fühlen für uns selbst zu beten, dann können wir Fürbitte leisten und Danksagung aussprechen.** Danach wird es uns auch leichter fallen unsere eigene Schuld vorzubringen. Je mehr wir beten, umso eher erkennen wir auch die geistliche Welt und unser Leben darin. Es ist dennoch klar, daß Gott keine Gebete erhört, die Unrecht beinhalten (Psalm 66, 18-20). Das bedeutet auch, daß wir überlegen müssen, was wir wie beten sollen. Ohne Respekt und Ehrfurcht sollten wir nie beten. Aber es wäre fahrlässig die Chancen zum Gebet auszulassen, die mir gegeben sind. Zum Beispiel morgens nach dem aufstehen oder abends vor dem schlafen. Aber es ist zweitrangig wann und wo wir beten, wenn es nur geschieht. Es ist immer besser zu beten als nicht zu beten. Charles H. Spurgeon hat gesagt: *"Wir sollten beten, wenn wir in einer Gebetsstimmung sind, denn es wäre Sünde, eine so gute Gelegenheit zu versäumen. Wir sollten beten, wenn wir nicht in der rechten Stimmung sind, denn es wäre gefährlich, in einem so ungesunden Zustand zu verharren"*. Gott will daß wir zu ihm kommen und *"sein Angesicht suchen"* (Psalm 27,8) und da dürfen wir Gott auch sicherlich gerne beim Wort nehmen, egal wie wir uns gerade fühlen.

Wer hören will, der höre

"Heute, wenn ihr seine Stimme hören werdet, so verstockt eure Herzen nicht."

Hebräer 4,7

Sind wir bereit für die Ewigkeit? Wenn Gott uns unserem eigenen Willen überlässt, dann ist das sehr schlecht für uns. Schon im Alten Testament sprach Gott deutlich: *"Wer hören will, der höre, und wer es lässt, der lasse es"* (Hesekiel 3,27). Gott respektiert unsere Wünsche, selbst wenn es unser Untergang ist! Aber er hat alles getan, damit es nicht so weit kommen muss. Wer in seinen Sünden stirbt (Johannes 8,24) hat letztlich seinen eigenen Willen durchgesetzt. Der Aufruf, sein Herz nicht zu verstocken, ist eine freundliche aber dennoch auch sehr ernste Bitte sein Leben nicht wegzuwerfen und die Stimme Gottes auch hören zu wollen. Wir wissen nicht wann wir sterben werden? Ob es in zwei Stunden, nächste Woche, in fünf Monaten oder in drei, sieben, zehn oder in vierzig Jahren ist? Wir wissen es nicht und sollten mit unserer Lebenszeit- und Erwartung auch nicht spielen. Es heißt *"heute"* und Gott redet in jedes Leben eines Menschen zu bestimmten Zeiten hinein. Auch durch andere Menschen mitten im Alltag, eine Predigt, eine Schrift oder diese Andacht. Kommen wir doch zur Ruhe und hören wir hin - es könnte unser Leben verändern und die wichtigste Entscheidung sein, diesem Reden so zuzuhören, daß man sich bekehrt. Es ist Gottes ausdrücklicher Wille daß *"alle Menschen überall Buße tun sollen"* (Apostelgeschichte 17,30). Viele haben wohl schon irgendwie und irgendwo einmal etwas von der Bibel und Jesus und den zehn Geboten gehört, aber mehr ist da leider oftmals nicht. Wer unter ihnen glaubt wirklich voll und ganz der Heiligen Schrift? **Wer glaubt an den HERRN Jesus Christus als seinem persönlichen Erlöser und Heiland?** König Salomo schreibt in Prediger 8,8: *"Der Mensch hat keine Macht, den Wind aufzuhalten, und hat keine Macht über den Tag des Todes, und keiner bleibt verschont im Krieg, und das gottlose Treiben rettet den Gottlosen nicht"*. Nicht gläubig sein zu wollen, lässt einen nicht besser leben! Und wenn man genau hinsieht, sogar eher schlechter!

Die Frage, ob man bereit ist für die Ewigkeit, ist in erster Linie eine Frage für solche, die sich darüber kaum oder noch nie Gedanken gemacht haben. Die Ewigkeit lässt sich nicht aufhalten - auch nicht durch Unglauben und Gottlosigkeit! Für uns Christen gilt, daß wir unser Leben so leben sollen, daß wir dies in Hinblick auf das kommende Reich Gottes tun. Konkret bedeutet dies, sich zum Beispiel hier auf Erden keine Schätze zu horten (Matthäus 6,19: *"Ihr sollt euch nicht Schätze sammeln auf Erden, wo sie die Motten und der Rost fressen und wo die Diebe einbrechen und stehlen"*). Das bedeutet sicherlich nicht, sich z.B. an Weihnachten oder Geburtstagen nichts zu schenken (hier ist jeder frei) oder sich für seinen irdischen Ruhestand etwas anzusparen (und den Kindern etwas zu hinterlassen) aber wer als Christ so mit Geldverdienen beschäftigt ist, daß sein Herz die Ewigkeit ignoriert, hat ein echtes Problem (1. Timotheus 6,10: *"Denn Geldgier ist eine Wurzel alles Übels; danach hat einige gelüstet und sie sind vom Glauben abgeirrt und machen sich selbst viel Schmerzen"*). **Auch an solchen Dingen kann man festmachen, ob man bereit ist für die Ewigkeit und guten Gewissens und Glaubens alles Irdische sofort hinter sich lassen könnte?** Wie sieht es hier bei dir aus? Es wäre nicht empfehlenswert, aber es kann sein, daß man erst am Sterbebett Gottes Stimme hört (oder auch kurz vor einem Unglück) und dann wäre ein verstocktes Herz so ziemlich das Dümmste was man sich leisten sollte. Jesus ist wohl nicht am 24.12. geboren, aber das ist vielleicht auch nicht so entscheidend - es geht darum, daß Gott in seiner großen Gnade und Weisheit überhaupt Mensch wurde. Wer das von Herzen glaubt, ist auch bereit für das, was noch kommt.

Eifer und Gemeinschaft

"Denn ich halte es für überflüssig, euch über den Dienst für die Heiligen zu schreiben; denn ich kenne ja eure Bereitwilligkeit, die ich den Mazedoniern gegenüber von euch rühme, daß Achaja seit dem vorigen Jahr bereit gewesen ist; und euer Eifer hat viele angespornt."

2. Korinther 9, 1-2

Warum ist Gemeinschaft so wichtig? Warum werden wir aufgefordert die Versammlungen nicht zu versäumen? Lesen wir in Hebräer 10,23-25 (Schlachter): *"Lasst uns festhalten am Bekenntnis der Hoffnung, ohne zu wanken — denn er ist treu, der die Verheißung gegeben hat —, und laßt uns aufeinander achtgeben, damit wir uns gegenseitig anspornen zur Liebe und zu guten Werken, indem wir unsere eigene Versammlung nicht verlassen, wie es einige zu tun pflegen, sondern einander ermahnen, und das um so mehr, als ihr den Tag herannahen seht!"* Was ist der Unterschied zwischen einem Bruder und einem Freund? **Einen Bruder oder eine Schwester im HERRN kann man sich nicht heraussuchen - sie wurden von Gott berührt!** Das erste *"Gesetz"* der Liebe ist Demut - wie sonst kann man den Anderen höher achten als sich selbst (Philipper 2,3)? Niemand von uns könnte ein gottgefälliges Leben führen ohne Unterstützung und Begegnung mit anderen Glaubensgeschwistern. Vielleicht auch mit ganz besonderen Geschwistern, die uns möglicherweise noch nicht einmal symphatisch sind? Wir brauchen einander um nicht merkwürdig, gesetzlich, hartherzig, unwissend, verbittert und hochmütig zu werden. Paulus hat oft und immer wieder, öffentlich und in Briefen Gott für seine Geschwister gedankt. Er hat sie geliebt und geschätzt und hatte sie in seinem Herzen. Das war ihm sehr wichtig weil er wusste, daß er das braucht. Wir müssen lernen uns anzunehmen, ein echtes *"Ja"* füreinander zu finden. Auch gerade dann, wenn wir mit der Zeit erkennen, wie sie wirklich sind mit allen Schwächen und Stärken. In der Ehe ist es ähnlich, man lernt sich mit der Zeit wirklich kennen. Man kann sein Wesen nicht verstecken (weder in der Gemeinde noch in der Ehe) und dann müssen wir trotzdem lernen von Herzen einander anzunehmen - so wie wir sind (Römer 15,7: *"Darum nehmt einander an, gleichwie auch Christus uns angenommen hat, zur Ehre Gottes"*!). Das ist ein Lernprozess, das ist Liebe und Verantwortung. Wir sollen niemanden verachten (Titus 2,15) und zulassen daß Bitterkeit in unsere Herzen hineinkommt (Epheser 4,31).

Wir sollen niemandem ein Ärgernis oder Hindernis sein. So etwas ist ein Werk des Teufels. Was wir tun sollen, dürfen und können ist, unsere Brüder und Schwestern *"in Christus"* zu sehen, als einen Miterben Christi, der mit IHM zur Herrlichkeit erhoben ist (Römer 8,17). **Dein Glaubensleben geht nicht nur dich selbst etwas an! Unser Leben dient zur Auferbauung der Geschwister - das ist unsere Verantwortung vor Gott und den Glaubensgeschwistern.** Wenn es nicht so ist, dienst du dir selbst. Warten wir nicht darauf, daß jemand zu uns kommt und denken: *"Wenn der was von mir will, soll er selbst kommen"*. Das ist lieblos und hochnäsig. Wenn du Schwierigkeiten mit anderen gläubigen

Menschen in deiner Gemeinde hast, dann hast du auch Probleme mit Gott! Wir müssen lernen aufeinander zuzugehen und miteinander offen und direkt zu reden - nicht über acht Ecken. Wer verletzt worden ist, soll auf die betreffende Person zugehen. Wer sündigt, ist in seiner Sünde gebunden und braucht dann auch so eine Begegnung. Es tut Not, daß wir einander korrigieren und so miteinander reden, daß niemand verletzt, aber ihm geholfen wird. Seien wir froh wenn wir ermahnt, korrigiert, hingewiesen und aufgerüttelt werden. Paulus schreibt den Römern in Kapitel 14,19-20: *"So laßt uns nun nach dem streben, was zum Frieden und zur gegenseitigen Erbauung dient. Zerstöre nicht wegen einer Speise das Werk Gottes! Es ist zwar alles rein, aber es ist demjenigen schädlich, der es mit Anstoß isst"*. Dem Reinen ist alles rein (Römer 1,15) und entsprechend dem Unreinen alles unrein! Wie siehst du deinen Bruder, deine Schwester? Als Sünder oder als Erlösten? Wir kommen alle früher oder später in die Situation, daß man uns etwas vergeben muss. Vergebung ist Versöhnung - auch gerade in der Versammlung können wir das umsetzen.

Geist, Liebe, Gebote

"Denn Gott hat uns nicht einen Geist der Feigheit gegeben, sondern den Geist der Kraft und der Liebe und der Besonnenheit".

2. Timotheus 1,7

Welches ist sozusagen das *"Organ"* mit dem wir als Menschen das kontrollieren und vorantreiben, was man *"Vernunft"* nennt? Es sind unsere Gedanken - biologisch gesehen unsere Nervenstränge im Gehirn, die alle Körperfunktionen steuern und erhalten. Wenn wir als Christen in der Bibel aufgefordert werden, uns daran zu erinnern, daß Gott uns unter anderem einen Geist der Besonnenheit gegeben hat, dann betrifft dies meine Gedankenwelt. Liebe hat nicht nur mit Gefühlen zu tun, sondern ebenfalls mit unserem Willen und den entsprechenden Gedanken. In Johannes 14,21 steht: *"Wer meine Gebote annimmt und sie befolgt, der liebt mich wirklich. Und wer mich liebt, den wird mein Vater lieben. Auch ich werde ihn lieben und ihm meine Herrlichkeit offenbaren"*. Glaubende Liebe, wie sie hier von ganz oben geschildert, definiert und festgemacht wird, hat also unbedingt und eindeutig viel mit Geist gewirkter Entscheidung und entsprechenden Taten zu tun. **Liebe und Verstand schließen einander nicht aus, sondern ergänzen sich.** Wenn wir nur triebgesteuert ohne Verstand wären, könnte man uns nicht Menschen nennen, wie die Bibel es tut. Dann wären wir wie Tiere reine Instinktwesen, die an Nahrung, Schutz, Schlaf und biologischem Artbestand interessiert sind, ohne definieren zu können warum und wieso. Warum wir jemanden lieben, können wir verbal erklären, aber entscheidend ist, es durch beständige Taten der Liebe zu beweisen, sonst kann schnell der nicht unberechtigte Eindruck entstehen, daß man es nicht wirklich ernst und aufrichtig meint. Um Gott zu lieben brauchen wir Gott - darum gab er uns durch seinem Sohn Jesus Christus auch gleichzeitig den Geist der Kraft, Liebe und Besonnenheit. Unsere Gedanken brauchen eine innere Ordnung, sozusagen eine geistlich orientierte Selbstdisziplin, die aber nicht durch Furcht sondern durch Liebe getragen sein soll. Das ist entscheidend. In

Römer 12,2 steht: *"Passt euch nicht den Maßstäben dieser Welt an. Lasst euch vielmehr von Gott umwandeln, damit euer ganzes Denken erneuert wird. Dann könnt ihr euch ein sicheres Urteil bilden, welches Verhalten dem Willen Gottes entspricht, und wisst in jedem einzelnen Fall, was gut und gottgefällig und vollkommen ist"*.

Das Denken muss durch Gnade erneuert werden. Das besagt auch der griechische Kontext von *"werdet verwandelt"* was soviel bedeutet wie *"kontinuierliches Wirken der Gnade"*. Die Bibel bringt es in 1. Johannes 5, 1-3 auf den Punkt: *"Wer glaubt, dass in Jesus der Sohn Gottes erschienen ist, hat Gott zum Vater. Und wer den Vater liebt, der ihn gezeugt hat, wird auch alle anderen lieben, die vom selben Vater stammen. Doch ob wir die Kinder Gottes auch wirklich lieben, das erkennen wir daran, dass wir Gott lieben, und das heißt: seine Gebote befolgen.* ***Die Liebe zu Gott ist nur echt, wenn wir nach seinen Geboten leben.*** *Und seine Gebote sind nicht schwer zu befolgen..."*. Was es nun konkret bedeutet die Gebote Gottes zu halten, lernen wir an Jesus Christus, der uns auffordert: *"Lernt von mir"* (Matthäus 11,29). Wie war Gott als Mensch? Die Bibel gibt uns Auskunft, denn von Jesus heißt es in Römer 8,29: *"Sie alle, die Gott im Voraus ausgewählt hat, die hat er auch dazu bestimmt, seinem Sohn gleich zu werden. Nach dessen Bild sollen sie alle gestaltet werden, damit er der Erstgeborene unter vielen Brüdern und Schwestern ist"*. Wir erfüllen Gottes Gebote, wenn wir im Glauben Jesus nachfolgen und das nicht aus eigener Kraft (aber unter Berücksichtigung dieser) sondern im Geist (unter Berücksichtigung unserer Schwachheit). Paulus schreibt in Römer 8, 14-16: *"Alle, die sich vom Geist Gottes führen lassen, die sind Gottes Söhne und Töchter. Der Geist, den Gott euch gegeben hat, ist ja nicht ein Sklavengeist, sodass ihr wie früher in Angst leben müsstet. Es ist der Geist, den ihr als seine Söhne und Töchter habt. Von diesem Geist erfüllt rufen wir zu Gott: »Abba! Vater!« So macht sein Geist uns im Innersten gewiss, dass wir Kinder Gottes sind"*. Wir sind in die Familie Gottes durch die verliehene Sohnschaft hinein geboren worden. Die Freiheit von der Sünde ist ein neues, herrschendes Lebensprinzip geworden, das von liebevoller Vertrautheit gekennzeichnet sein darf ohne Angst und Gesetzlichkeit.

Im Namen von Jesus

"Und alles, was ihr tut mit Worten oder mit Werken, das tut alles im Namen des Herrn Jesus und dankt Gott, dem Vater, durch ihn".

Kolosser 3,17

Gottes Ehre ist das Allerwichtigste - darum können Gebete, die den Vater im Himmel verherrlichen, keine anderen Gebete sein als solche, die Jesus durch seinen selig machenden Namen vor Gott bringt. In Jesu Name liegt das Heil (Apostelgeschichte 4,12) und auch die Erhörung unserer Gebete. In Jesu Name werden wir erlöst und erhört. **Gebete die Jesus vor seinen (und unseren) Vater bringen will und kann, werden erhört.** Wäre das nicht so, könnte uns auch nicht alles zum Besten dienen, also sowohl erhörte als auch unerhörte Gebete. Das Beten an sich hat keine Macht in sich selbst, ebenso wie es sinnlos ist, Jesu Name nur als Ettikett hinter seine Gebete zu setzen, als geheimnisvolles Anhängsel oder merkwürdige Beschwörungsformel. Das wäre dasselbe, als wenn man zu einem vertrauten und nahe stehenden Menschen sagen würde: *"Ich liebe dich"*, aber in Wahrheit meint: *"Ich liebe mich, und brauche dich dazu"*. Im Namen Jesu um etwas zu bitten, bedeutet, daß Jesus würdig ist, nicht wir. Von daher können wir auch keine würdigen Gebete oder Bitten aussprechen - selbst wenn sie noch so formvollendet sich anhören und in den Ohren klingeln und aufrichtig sind. Bitten werden darum erfüllt (wenn es Gottes Wille ist), weil der HERR Jesus Christus würdig ist, und die Gläubigen mit seiner Gerechtigkeit aus Gnaden beschenkt hat. Wenn Gott möchte daß wir etwas tun (es in der Bibel als Befehl, Verheißung und Aufforderung steht), wird ER uns auch die Kraft, Gelegenheit, die Worte, die Einstellung und den Glauben dazu schenken - entsprechend können wir dann (wenn es uns bewusst wird was Gott von mir will) auch im Namen Jesu bitten.

Auf dieser Grundlage können wir dann bitten *"um was wir wollen"*, so daß es in Erfüllung gehen wird (Johannes 15,7). Wer sich selbst genügt, der betet nicht! Der neue Mensch will Gott genügen, nicht sich selbst. Wir können die Dinge durch Glauben in der Weise ändern, wenn wir durch Gott verändert wurden - im kindlichen Glauben - im Gebet - in der Kraft des Heiligen Geistes. Wenn unser Gebet so aussieht, daß wir nur unsere Unzufriedenheit ausdrücken, uns rechtfertigen und uns verteidigen oder gar gleichgültig sind, dann BITTEN wir Gott um nichts (Johannes 16,23). **Gott hat uns selbst lieb - und zwar weil wir Jesus liebhaben und glauben, daß sich der Vater im Sohn offenbart hat (Johannes 16, 26-28).** In Hebräer 11,6 steht: *"Aber ohne Glauben ist's unmöglich, Gott zu gefallen; denn wer zu Gott kommen will, der muss glauben, dass er ist und dass er denen, die ihn suchen, ihren Lohn gibt"*. Gott reagiert nicht auf Leistungen oder Verdienst oder sture, zweckmäßige Hartnäckigkeit, sondern auf Glauben. Man kann tatsächlich sich die Finger wund beten und keine Veränderungen wahrnehmen, weil man mit *"Glauben"* manchmal anderes verbindet als Gott. Aber es kann eben auch so sein, daß Gott einfach andere Pläne hat. Darum sagen wir ja auch, daß Gottes Wille geschehen soll!? Meinen wir das wirklich so? In der Bibel steht jedenfalls nicht, daß beten hilft, sondern daß das Gebet des Glaubens hilft (Jakobus 5,15). Und wie diese Hilfe aussieht, sollten wir im Vertrauen Gott überlassen.

Die Logik der Heiden

"Hilf du uns, Gott, unser Helfer, um deines Namens Ehre willen! Errette uns und vergib uns unsre Sünden um deines Namens willen! Warum lässt du die Heiden sagen: »Wo ist nun ihr Gott?«".

Psalm 79, 9-10

Gott meint es gut mit uns. Alles was wir erleben, mitansehen und mitanhören müssen, wird unseren Glauben letztlich nicht behindern, sondern stärken. Auch hier dient uns alles zum

Besten beziehungsweise wird uns zum Guten mitwirken (Römer 8,28). Auch dürfen wir sicher sein, daß Gott uns keine Dinge zumutet die wir nicht wirklich verkraften könnten. Daß wir dennoch mit Unverständnis und auch Spott zu tun haben werden als Christen, ist eine Tatsache, die in der Menschheitsgeschichte auch nicht unbedingt neu ist. Denken wir an Noah, als er die Arche baute und von allen Seiten Spott und Hohn sich anhören musste. Ebenso wird es auch wieder kommen (Lukas 17,26) und Jesus sowie die Christen werden verworfen und belächelt werden. Wir sollen Spott und Hohn sicherlich nicht gleichgültig gegenüberstehen, aber besser als jedes fruchtlose Streitgespräch ist das Gebet und die Bitte an Gott einzugreifen, einen zu stärken und seinen Namen zu ehren. Somit hat auch der Spott der Ahnungslosen bei uns die Reaktion und Wirkung, daß wir unseren Glauben vertreten (uns darin üben) aber auch besser einschätzen können, wo jedes Wort zuviel ist (Matthäus 7,6). **Jesus hatte auch solche Begegnungen mit arroganten Spöttern und Heuchlern.** Als er vor Herodes stand, und der von ihm *"unterhalten"* werden wollte, und aus niederen Motiven viele Fragen stellte, antwortete Jesus nichts (Lukas 23, 8-9). Manchmal ergeht es uns auch so. Petrus schreibt in seinem zweiten Brief, Kapitel 3, Verse 3-4: *"Ihr sollt vor allem wissen, dass in den letzten Tagen Spötter kommen werden, die ihren Spott treiben, ihren eigenen Begierden nachgehen und sagen: Wo bleibt die Verheißung seines Kommens"*? Oft ist es doch so, daß man gerade das ins lächerliche zu ziehen versucht, was einem insgeheim Angst macht und worauf man keine Antworten hat. Das bedeutet nicht zwangsläufig, daß Christen alles immer sofort oder überhaupt erklären und verstehen können, aber sie sind nicht ahnungslos und können geistliche Dinge für geistliche Menschen deuten.

Paulus erklärte es den Korinthern: *"Wir aber haben nicht empfangen den Geist der Welt, sondern den Geist aus Gott, dass wir wissen können, was uns von Gott geschenkt ist. Und davon reden wir auch nicht mit Worten, wie sie menschliche Weisheit lehren kann, sondern mit Worten, die der Geist lehrt, und deuten geistliche Dinge für geistliche Menschen. Der natürliche Mensch aber vernimmt nichts vom Geist Gottes; es ist ihm eine Torheit und er kann es nicht erkennen; denn es muss geistlich beurteilt werden. Der geistliche Mensch aber beurteilt alles und wird doch selber von niemandem beurteilt"* (1. Korinther 2, 12-15). **Der natürliche Mensch hat keine Ahnung vom Wirken des Heiligen Geistes (1. Korinther 2,14) und auch keinen Respekt davor.** Aber um die Bibel zu verstehen und Zusammenhänge zu erkennen, braucht man das Wirken des Geistes Gottes. Wenn es nur vom Intellekt abhängen würde, wären wohl viel mehr Menschen vom Evangelium überzeugt, denn selbst rein logisch betrachtet, bietet der Glaube an den biblischen Gott weit mehr als jede andere Religion, Psychologie oder Weltanschauung (nämlich Frieden, Liebe, Reinigung, Ewiges Leben im Himmel etc). Der Geist Gottes macht die Wahrheit und den Buchstaben lebendig und erfahrbar. Unseren Verstand sollen wir dennoch benutzen, um die biblischen Berichte und Briefe, so wie sie dastehen, zu verstehen lernen. Wenn jemand Rechenschaft unserer gläubigen Hoffnung verlangt (1. Petrus 3,15) sollen wir auch in der Lage sein gut (verständlich) zu antworten. Paulus schreibt: *"Eure Rede sei allezeit freundlich und mit Salz gewürzt, dass ihr wisst, wie ihr einem jeden antworten sollt"* (Kolosser 4,6). Mancher Spötter wird dann vielleicht auch nachdenklich, und es besteht die Chance, daß der Samen des Wortes Gottes, den wir freundlich weitergeben, auf fruchtbaren Boden fällt zu seiner Zeit.

Herzlose Verwalter

"Und des HERRN Wort geschah zu mir: Du Menschenkind, weissage gegen die Hirten Israels, weissage und sprich zu ihnen: So spricht Gott der HERR: Wehe den Hirten Israels, die sich selbst weiden! Sollen die Hirten nicht die Herde weiden? Aber ihr esst das Fett und kleidet euch mit der Wolle und schlachtet das Gemästete, aber die Schafe wollt ihr nicht weiden. Das Schwache stärkt ihr nicht und das Kranke heilt ihr nicht, das Verwundete verbindet ihr nicht, das Verirrte holt ihr nicht zurück und das Verlorene sucht ihr nicht; das Starke aber tretet ihr nieder mit Gewalt."

Hesekiel 34, 2-4

Der Hirte wird oft als Symbol für eine Wächterrolle verwendet. So finden sich in der Bibel zahlreiche Vergleiche, in denen ein Prophet mit einem Hirten und seine Schützlinge mit Schafen verglichen werden. Auch in der Weihnachtsgeschichte sind es Hirten, die die Nachricht von der Geburt Jesu Christi zuerst empfangen. Die Gestalt des Hirten (lat.: Pastor) ist als Leitbild in das Berufsbild des christlichen Geistlichen (Pastor) eingebunden. Aber es sollte klar sein, daß nicht das Ettikett alleine über Inhalt und Praxis urteilen kann. Es ist in jedem Fall eine verantwortungsvolle Aufgabe und sicherlich nicht nur den hauptamtlichen Christen vorbehalten. In jedem Fall ist hier mit der rechten Herzenshaltung viel Gutes zu bewirken für alle Beteiligten. Wunder sollten von einem Hirten sicherlich nicht erwartet werden. Auch nicht, daß er stets auf alles immer eine passende Antwort hat. Leider gibt es auch *"Hirten"*, die sind sich ihrer Stellung und Aufgabe weniger bewusst und mehr auf dem Egotrip als eine Person, die sich für andere Menschen Zeit und Geduld nimmt. **In der Bibel werden so ziemlich alle menschlichen Schwächen und Sünden beim Namen genannt.** Und zwar mit der Absicht, uns zu korrigieren, zu bessern, zu ermahnen und in der Gerechtigkeit zu unterweisen (2. Timotheus 3,16). Dies geschieht in unserem Eingangstext durch den alttestamentlichen Propheten Hesekiel. Er zählt die missachteten Aufgaben der Hirten Israels konkret auf: Die Hirten dort hatten zwar eine anerkannte Position, aber sie füllten sie nicht aus. Sie waren eher so etwas wie ein *"Frühstücksdirektor"* - kaum zu gebrauchen. Ein Gefäß ohne Inhalt und ein lustloser Bürokrat. Sie nutzten die Vorteile der Position für ihre eigenen selbstherrlichen Zwecke. Wer schwach war, wurde nicht gestärkt. Von einer Auferbauung und einfühlsamen Verständigung war keine Rede. Um Kranke wurde sich nicht gekümmert, und wer eine Verletzung erlitten hatte, musste selbst zusehen, wie er damit zurecht kam. Verirrte und Verlorene wurden ignoriert und nicht vermisst.

Von einer Zurüstung der Heiligen (Epheser 4, 11-12) war nichts zu sehen. Gemeindemitglieder, die nützlich, talentiert und stark waren, wurden unten gehalten und abserviert, quasi mundtot gemacht - wohl aus Angst daß sie den *"Hirten"* bloßstellen und ihr eigenes Versagen deutlich machen. So ein Verhalten ist in der Tat ein erbärmliches Armutszeugnis das auf Herrschsucht, Eitelkeit und Egoismus aufgebaut ist. Kein Wunder, daß Gott zornig wurde und Konsequenzen androhte! Wir alle haben ein Vorbild, einen wahren *"guten Hirten"* (Johannes 10,11) an dem wir uns in unseren Aufgaben und Verantwortungen immer orientieren und inspirieren lassen können. Es sollte gewiß nicht so sein, daß alle Arbeit nur immer an den Hirten in der Gemeinde hängen bleibt. **Wir alle sollen untereinander aufeinander achthaben (Hebräer 10,24) und uns zu guten Werken anreizen.** Unsere Hirten brauchen neben geistlicher Kompetenz und der richtigen Einstellung und Liebe sicherlich auch unser aller Hilfe, Unterstützung und Gebete. Wenn wir uns treffen, sollte jeder etwas zur Auferbauuung beitragen (1. Korinther 14,26). Die Gemeinde ist ein Leib und ein geistliches Gefüge das nicht zum Selbstzweck existiert und funktioniert (1. Korinther 12, 12-31). Schlechte Hirten sehen nicht das Ganze sondern nur oberflächliche Einzelinteressen und sie machen mehr Politik als daß sie der Gemeinde als Vorbild vorangehen. Es geht auch anders. Petrus schreibt es in seinem ersten Brief, Kapitel 5, Verse 2-3: *"Weidet die Herde Gottes, die euch anbefohlen ist; achtet auf sie, nicht gezwungen, sondern freiwillig, wie es Gott gefällt; nicht um schändlichen Gewinns willen, sondern von Herzensgrund; nicht als Herren über die Gemeinde, sondern als Vorbilder der Herde"*. Amen.

Jeremias Vision

"Ich schaute zur Erde — doch siehe, sie war wüst und leer! und zum Himmel — aber sein Licht war verschwunden! Ich schaute die Berge an — doch siehe, sie erbebten und alle Hügel schwankten! Ich schaute — und siehe, da war kein Mensch mehr, und alle Vögel des Himmels waren verschwunden! Ich schaute — und siehe, das fruchtbare Land war zur Wüste geworden, und alle seine Städte waren zerstört vor dem Herrn, vor der Glut seines Zorns. Denn so spricht der Herr: Das ganze Land soll verwüstet werden; doch ich will ihm nicht ganz ein Ende machen".

Jeremia 4, 23-27

Jeremia beschreibt eine Vision. Er durchlebte und durchlitt die Leiden die über Juda aufgrund ihrer Sünden kommen sollten. In Vers 21 fragt er traurig: *"Wie lange muß ich noch das Kriegsbanner sehen und den Schall des Schopharhornes hören"*? In Vers 22 antwortet Gott: *"Wahrlich, mein Volk ist töricht, sie kennen mich nicht; närrische Kinder sind sie und ohne Einsicht; weise sind sie, Böses zu tun, aber Gutes zu tun verstehen sie nicht"*. Jeremia war zwar ein Prophet, aber er verstand Gott oftmals nicht. Er konnte nicht verstehen, daß Gott einerseits gnädig, geduldig und glaubwürdig ist, und dennoch andererseits Gericht übt und die Schuld mitunter drastisch bestraft. Das ist eben zum einen die Liebe und Heiligkeit Gottes, und zum anderen die Gerechtigkeit und

Konsequenz daraus. Damit ist das Gericht gemeint. **Die Geschichte Israels dokumentiert diese Wechselwirkung aus Gnade und Gericht immer wieder.** Sünde hat Konsequenzen und die Lösung ist immer (Glaubens)gehorsam. Sowohl im Alten Testament als auch im Neuen Testament wird Sünde nicht einfach toleriert oder ignoriert, sondern hat Folgen. Vergebung erfordert Kraft und Souveränität. Beides hat der Mensch nicht. Jeremia musste lernen, daß er an seinen Zweifeln zweifeln sollte und nicht an den Glaubensgrundsätzen und der Gerechtigkeit und Macht Gottes. Der HERR weiß immer was er macht und auch wann! Die zerstörerische Kraft von Sünde übersteigt oftmals unsere Vorstellungskraft. Sünde trennt den Menschen von Gott, sie macht auch uns Menschen wüst und leer. Das war zu Zeiten des Alten Testamentes nicht anders als heute. Der Mensch hat entsprechend eine Krise mit Gott, denn Sünde bewirkt eine Krise. Das Wort Krise stammt vom griechischen Wort *"krinein"*, das übersetzt wird mit: aussondern, scheiden, entscheiden, richten und urteilen. Im Neuen Testament wird das Wort Krisis gebraucht, um das Gericht Gottes zu bezeichnen (Johannes 5, 28-29). Um die Krise zu beenden muss derjenige, dem die Krise aufgezwungen wurde, nämlich Gott, eine Lösung finden. Der Verursacher von Sünde (der Mensch) kann nicht gleichzeitig die Lösung zur Behebung derselben sein.

In 1. Johannes 4, 14-19 lesen wir: *"Und wir haben gesehen und bezeugen, daß der Vater den Sohn gesandt hat als Retter der Welt. Wer nun bekennt, daß Jesus der Sohn Gottes ist, in dem bleibt Gott und er in Gott. Und wir haben die Liebe erkannt und geglaubt, die Gott zu uns hat. Gott ist Liebe, und wer in der Liebe bleibt, der bleibt in Gott und Gott in ihm. Darin ist die Liebe bei uns vollkommen geworden, daß wir Freimütigkeit haben am Tag des Gerichts, denn gleichwie Er ist, so sind auch wir in dieser Welt. Furcht ist nicht in der Liebe, sondern die vollkommene Liebe treibt die Furcht aus, denn die Furcht hat mit Strafe zu tun; wer sich nun fürchtet, ist nicht vollkommen geworden in der Liebe. Wir lieben ihn, weil er uns zuerst geliebt hat"*. **Die Lösung kommt also von außen, von oben, vom Himmel auf die Erde und niemals umgekehrt.** Der Gehorsam, der uns oft abgeht (auch wenn wir bereits Christen sind) den hat Jesus Christus, der Sohn Gottes, der ewige Gott in Menschengestalt, für uns geleistet. In Philipper 2, 6-11 lesen wir vom Heiland: *"...der, als er in der Gestalt Gottes war, es nicht wie einen Raub festhielt, Gott gleich zu sein; sondern er entäußerte sich selbst, nahm die Gestalt eines Knechtes an und wurde wie die Menschen; und in seiner äußeren Erscheinung als ein Mensch erfunden, erniedrigte er sich selbst und wurde gehorsam bis zum Tod, ja bis zum Tod am Kreuz. Darum hat ihn Gott auch über alle Maßen erhöht und ihm einen Namen verliehen, der über allen Namen ist, damit in dem Namen Jesu sich alle Knie derer beugen, die im Himmel und auf Erden und unter der Erde sind, und alle Zungen bekennen, daß Jesus Christus der Herr ist, zur Ehre Gottes, des Vaters"*. So wie Sünde alles kaputt macht, so macht Jesus Christus wieder alles heil und neu (Offenbarung 21,5). Dazwischen ist nichts, es gibt nur das Eine oder das Andere. Wenn Gott von oben nach unten schaut und einen Menschen sieht, der an die Vergebung seiner Sünden durch das Evangelium Jesu Christ glaubt, sieht er uns mit Freude und steht zu seiner Gnade und schenkt uns Frieden.

Die Gegenwart Gottes

"Ja, ich erkenne meine Vergehen, / meine Sünde ist mir stets gegenwärtig. Gegen dich allein habe ich gesündigt, / ich habe getan, was böse vor dir ist! / Darum hast du recht mit deinem Urteil, / rein stehst du als Richter da. Ja, schuldverstrickt kam ich zur Welt, / und meine Mutter hat mich in Sünde empfangen. Du freust dich, wenn jemand ganz aufrichtig ist. / So lehrst du mich im Verborgenen, weise zu sein".

Psalm 51, 3-6

Gott ist gegenwärtig - lautet ein bekanntes Lied von Gerhard Tersteegen aus dem Jahre 1729. Dieses Wissen soll uns nicht dazu animieren uns zu verstecken, sondern vielmehr Gott anzubeten in allem Respekt, aller Demut und im Glauben. Gott schaut ins Verborgene. Es gibt keine Geheimnisse in dieser Welt, die vor Gott nicht bis in alle Einzelheiten hinein deutlich zu sehen sind. Das zählt auch für unser eigenes, persönliches Leben. Für manche Menschen ist das ein Grund diesen Gott abzulehnen. Sie lieben ihre eingebildete Autonomie viel zu sehr, als daß sie wollten, daß jemand mit diesem Einblick über sie zu herrschen verstehen könnte. Im Gleichnis von den anvertrauten Pfunden durch den König, heißt es in Lukas 19,14: *"Seine Bürger aber waren ihm feind und schickten eine Gesandtschaft hinter ihm her und ließen sagen: Wir wollen nicht, dass dieser über uns herrsche"*. Das Problem ist also nicht neu. Unser privates Leben ist uns heilig. Es ist uns unangenehm, wenn uns jemand zu sehr *"auf die Pelle rückt"*. Das ist menschlich gesehen mitunter verständlich, aber wo wir es mit einem allmächtigen Gott zu tun haben, von dem die Bibel sagt, daß er die Liebe ist (1. Johannes 4,8) müssten wir auch von Herzen und ohne Angst den inneren Widerstand aufgeben und sozusagen kapitulieren und Vertrauen statt Zweifel investieren. **Vor Gott können wir einfach nicht autonom sein. Darin liegt auch keinerlei Sinn.** Aber Gott will bestimmt nicht, daß wir vor allen eine Art Offenbarungseid ablegen und unser Innerstes sozusagen zum Abschuss freigeben und einen seelischen Striptease veranstalten. Das sicherlich nicht.

In Matthäus 6, 5-6 steht: *"Wenn ihr betet, macht es nicht so wie die Heuchler, die sich dazu gern in die Synagogen und an die Straßenecken stellen, damit sie von den Leuten gesehen werden. Ich versichere euch: Das ist dann schon ihr ganzer Lohn. Wenn du betest, geh in dein Zimmer, schließ die Tür und bete zu deinem Vater, der im Verborgenen ist. Dann wird dein Vater, der ins Verborgene sieht, dich belohnen"*. Wenn Gott in unser Verborgenes sehen kann, was sollten wir dann noch unausgesprochen lassen? Wir leben als Christen nicht unbedingt oder gar zwangsläufig stets ein öffentliches Leben. **Da gibt es oft viele unsichtbare Zwänge, Ettikette und Erwartungshaltungen. Nicht nur in der Gesellschaft, sondern durchaus auch in christlicher Gemeinschaft.** Dem kann und soll man sich gewiss nicht immer entziehen, aber es muss auch Zeit und Raum geben in unserem Alltag, wo wir die Stille und Abgeschiedenheit bei Gott suchen sollten. Dort zählen keine Ettikette, sondern dort dürfen wir im Licht Gottes vor Gott stehen und (worauf es hier allein ankommt), aus der Gnade Gottes und der Vergebung unserer Sünden in

Jesus Christus heraus, ungeschminkt ehrlich, aufrichtig und dankbar sein. Wir dürfen unsere Sünden bekennen und wissen, daß uns vergeben ist (1. Johannes 1.9). Die Gegenwart Gottes bereichert unser Leben - mehr als wir begreifen. In Psalm 34,5 steht: *"Wer auf ihn blickt, wird strahlen; sein Vertrauen wird niemals enttäuscht"*. Alles wird gut!

Glauben oder Wissen?

"Was ist also der Glaube? Er ist die Grundlage unserer Hoffnung, ein Überführtsein von Wirklichkeiten, die man nicht sieht. Darin haben unsere Vorfahren gelebt und die Anerkennung Gottes gefunden. Aufgrund des Glaubens verstehen wir, dass die Welt durch Gottes Befehl entstand, dass also das Sichtbare aus dem Unsichtbaren kam".

Hebräer 11. 1-3

Was ist denn Glaube? Glaube ist ein Nichtzweifeln an dem, was man nicht sieht (Luther). Man kann etwas vielleicht nicht im herkömmlichen Sinne *"wissen"* (also verstandesgemäß eintüten) aber man kann nicht daran zweifeln, daß es der Wahrheit entspricht was man glaubt. Wie im Eingangstext formuliert: *"Ein Überführtsein von Wirklichkeiten"*. Einen allmächtigen Gott kann man nicht wirklich verstehen und menschlich gesehen etwas über ihn *"wissen"*. Dazu sind wir zu gering. **Wir können die Ewigkeit und Gott nicht in die Tasche stecken.** Aber mittels des Glaubens geht das sehr gut, an dem vertrauensvoll festzuhalten, was die Bibel uns an Worten und Inhalten vermittelt. Und dies, damit wir einfach daran glauben. Ein Überführtsein beinhaltet eben auch, daß wir mit diesen Inhalten in Berührung kommen und darüber nachdenken. Gott zieht den Menschen und führt zur Buße (Römer 2,4), so daß der Glaube dann auch Hand und Fuß bekommt. Jesus sagte in Johannes 6, 44-48: *"Keiner kann zu mir kommen, wenn nicht der Vater, der mich gesandt hat, ihn zu mir zieht. Und alle, die er zu mir bringt, werde ich an jenem letzten Tag von den Toten auferwecken. In den Prophetenschriften heißt es ja: 'Sie werden alle von Gott unterwiesen sein.'Wer also auf den Vater hört und von ihm lernt, kommt zu mir. Das heißt natürlich nicht, dass jemand den Vater gesehen hat. Nur der Eine, der von Gott gekommen ist, hat den Vater gesehen. Ja, ich versichere euch: Wer glaubt, hat das ewige Leben. Ich bin das Brot des Lebens"*. Wissen ansich rettet nicht, sondern ein begründeter Glaube!

Dieses Lernen bedingt dann auch den vertrauenden Glauben und der Zweifel (der natürlicherweise sozusagen von Anfang an in uns steckt durch die Sünde) wird sich ins Gegenteil verkehren. **Nichtzweifeln ist sogar besser als etwas zu wissen - zumindest wenn es um Gott geht!** Aller Himmel Himmel können Gott nicht fassen (2. Chronik 6,18) - somit ist der Glaube an Gott weitaus wertvoller und fundierter, als ein menschliches Wissen oder eine logische Annahme. Der Mensch ist ganz sicher eine erstaunliche Kreatur und zu vielem an Wissenschaft und Technik, Kreativität und Forschung fähig (immerhin ist er ein Geschöpf Gottes), aber er ist dennoch geringer als ein Engel (in seinem natürlichen Zustand) und lebt auf einem Stecknadelkopf im Vergleich zu den unendlichen Weiten des Weltalls. Etwas tatsächlich zu wissen in Bezug auf Gott, geht für einen kleinen Menschen nicht ohne Glauben (2. Korinther 5,7). Sonst müssten wir mit dem ewigen Schöpfer auf Augenhöhe sein. Würden wir davon ausgehen, wäre das eine hochmütige Verkennung der geistlichen Tatsachen. Entsprechend müsste Gott einem dann widerstehen (Jakobus 4,6). Gott ist Geist (Johannes 4,24) und in Berührung zum ewigen Gott und zur Anbetung, kommen wir durch den geistgewirkten Glauben. Dieser Glaube lässt uns nicht im Unklaren und bestätigt im Heiligen Geist sogar unsere Gotteskindschaft (Römer 8,16). Es kommt der Tag, an dem die Kinder Gottes dann auch vom Glauben zum Schauen kommen werden (1. Johannes 3,2). Spätestens dann werden alle Fragen beantwortet. Amen.

Wider die fromme Theorie

"Die Liebe sei ohne Falsch. Hasst das Böse, hängt dem Guten an. Die brüderliche Liebe untereinander sei herzlich. Einer komme dem andern mit Ehrerbietung zuvor. Seid nicht träge in dem, was ihr tun sollt. Seid brennend im Geist. Dient dem Herrn. Seid fröhlich in Hoffnung, geduldig in Trübsal, beharrlich im Gebet. Nehmt euch der Nöte der Heiligen an. Übt Gastfreundschaft. Segnet, die euch verfolgen; segnet, und flucht nicht. Freut euch mit den Fröhlichen und weint mit den Weinenden. Seid eines Sinnes untereinander. Trachtet nicht nach hohen Dingen, sondern haltet euch herunter zu den geringen. Haltet euch nicht selbst für klug. Vergeltet niemandem Böses mit Bösem. Seid auf Gutes bedacht gegenüber jedermann".

Römer 12, 9-17

Wenn am Ende des zwölften Kapitels des Römerbriefes steht, daß wir das Böse mit Gutem überwinden sollen (Vers 21), dann sind die Verse davor sozusagen der praktische Schlüssel, um durch dieses theoretische Eisentor hindurch zu kommen. Gutes zu denken ersetzt nicht Gutes zu tun. Wo ist das Böse? Wir wissen aus der Bibel, daß das Böse mit der Person des Teufels einhergeht. **Aber das Böse ist nicht nur eine Person, sondern kann auch eine Sache, ein Gedanke, ein Weg oder eine Tat sein.** Es kann von außen aber auch von innen kommen. Wir können böse Gedanken denken und unser Leib setzt dies dann um, wenn wir uns nicht bewusst dagegen entscheiden. Es ist das weltliche Prinzip sich nichts gefallen zu lassen und Menschen, die uns zusetzen und unsymphatisch sind, alles Mögliche zu wünschen, nur nichts Gutes. In Lukas 6, 27- 33 schreibt der Apostel entsprechend: *"Aber ich sage euch, die ihr zuhört: Liebt eure Feinde; tut wohl denen, die euch hassen; segnet, die euch verfluchen; bittet für die, die euch beleidigen.Und wer dich auf die eine Backe schlägt, dem biete die andere auch dar; und wer dir den Mantel nimmt, dem verweigere auch den Rock nicht. Wer dich bittet, dem gib; und wer dir das Deine nimmt, von dem fordere es nicht zurück. Und wie ihr wollt, dass euch die Leute tun sollen, so tut ihnen auch! Und wenn ihr die liebt, die euch lieben,* *welchen Dank habt ihr davon? Denn auch die Sünder lieben ihre Freunde. Und wenn ihr euren Wohltätern wohltut, welchen Dank habt ihr davon? Denn die Sünder tun dasselbe auch".* Und nur weil wir Christen sind heisst das nicht, daß wir in unseren Gedanken immer nur liebevoll, demütig, zuvorkommend und friedlich sind. Aber als Kinder Gottes sollen wir uns von allen anderen unterscheiden. Darum schreibt Paulus in Römer 12,2: *"Und stellt euch nicht dieser Welt gleich, sondern ändert euch durch Erneuerung eures Sinnes, damit ihr prüfen könnt, was Gottes Wille ist, nämlich das Gute und Wohlgefällige und Vollkommene".* Wenn wir uns der Welt anpassen, können wir nichts unterscheiden und erfahren, was Gottes Willen ist.

Es ist nicht leicht anders zu sein und anders zu reagieren, und es kostet uns etwas, um nicht im Strom der Zeit und der Sünde und des Unglaubens mitgerissen zu werden. Als Christen sollen wir zum Frieden beitragen. Das bedeutet sicherlich nicht, daß wir nicht auch einmal kontrovers diskutieren können, oder immer *"friedlich"* sein müssen, wenn es um die Sache des Glaubens geht. **Aber es ist ein Unterschied ob ich boshaft bin oder engagiert, oberlehrerhaft oder ehrlich und vermittelnd, ob ich aggressiv Ruhe einfordere oder sanftmütig bin, und dadurch Frieden stifte.** Und auch, ob ich nur am jammern und nörgeln bin, oder dem Bösen durch Gutes den Kampf ansage, mich nicht vom Bösen vereinnahmen lasse, auch wenn es manchmal bequemer wäre. In Jakobus 3, 13-18 steht herausfordernd folgendes: *"Wer ist weise und klug unter euch? Der zeige mit seinem guten Wandel seine Werke in Sanftmut und Weisheit. Habt ihr aber bittern Neid und Streit in eurem Herzen, so rühmt euch nicht und lügt nicht der Wahrheit zuwider. Das ist nicht die Weisheit, die von oben herab kommt, sondern sie ist irdisch, niedrig und teuflisch. Denn wo Neid und Streit ist, da sind Unordnung und lauter böse Dinge. Die Weisheit aber von oben her ist zuerst lauter, dann friedfertig, gütig, lässt sich etwas sagen, ist reich an Barmherzigkeit und guten Früchten, unparteiisch, ohne Heuchelei. Die Frucht der Gerechtigkeit aber wird gesät in Frieden für die, die Frieden stiften".* Das Böse kommt von alleine, aber das Gute muss durch die Taten des Glaubens lebendig werden. Das ist auch der Grund dafür, warum der Glaube ohne die Tat tot ist (Jakobus 2,20). Wir stehen nicht alleine, sondern Gott weiß daß wir oft schwach und wankelmütig sind. Darum dürfen wir Gott um Kraft bitten ihm recht nachzufolgen und darüber hinaus, auch mitten im täglichen kämpfen und überwinden unsere Bestimmung finden. Wir brauchen keine Angst davor zu haben zu kurz zu kommen und als Mensch mit Bedürfnissen zu versauern. Das ist eine Lüge des Teufels. Der Dienst für Gott und die Arbeit des Glaubens bringt Segen den wir nicht für möglich halten werden.

Der Himmel schweigt

"Als das Lamm das siebte Siegel aufbrach, war es im Himmel eine halbe Stunde lang völlig still".

Offenbarung 8,1

Im Himmel wird Gott gelobt und geehrt. Es gibt vielschichtige Klänge und Töne. Die Engel hören nicht auf beständig Gottes Heiligkeit zu betonen (Offenbarung 4,5; 5,2; 14.2). Als das Lamm Gottes (das ist Jesus Christus) das siebte Siegel öffnet, herrscht plötzlich Ruhe und eine betretende Stille. Das ist ein Moment voller Ehrfurcht, Demut, Spannung und auch einer gewissen Traurigkeit und gleichzeitiger Ernüchterung. Dieses Siegel offenbart Gottes Ratschluß mit einer verdorbenen, bösartigen, unbelehrbaren und unheiligen Menschheit und all ihren unfassbaren Sünden im Laufe der ganzen Menschheitsgeschichte. Dann ist der Zeitpunkt gekommen, wo Gott entweder seine Gnade oder seinen Zorn zeigen muss. Freuen wir uns, wenn wir auf der Seite der Gnade stehen dürfen, die an uns nicht umsonst gewesen sein wird, wenn wir im Glauben am Kreuz von Golgatha mitgestorben und mitauferstanden sind. Der Himmel schweigt eine halbe Stunde. **Gott unterbricht das selige Leben und jede Kommunikation im Himmel.** Das sagt uns auch, daß dies alles eine sehr ernste Angelegenheit sein wird. Sozusagen der Punkt ohne Wiederkehr und der Beginn der Strafen Gottes über diesen Planeten und all dem, was jahrtausendelang alles an Bosheit und Sünde sich aufgetürmt hat. Wer kann das ertragen und begreifen? Gott wird das Ganze sicherlich nicht leicht fallen, denn Gott ist gut und freundlich - aber auch gerecht und konsequent. Mehr als sich für die Vergebung der Sünden in Jesus Christus hinzugeben ging nicht (Johannes 3,16). Eine halbe Stunde Stille - das kann für uns als Christen auch beinhalten, daß wir in manchen Momenten unseres Lebens ebenso dieses Schweigen suchen sollten.

Dann wäre es mehr als nur akzeptabel und richtig, wenn wir über unser eigenes und bisheriges Leben nachdenken und sehen, was Gott getan hat für uns. Und auch sehen, was in meinem Leben sich so alles aufgetürmt hatte und auch als Christ immer noch auftürmt an Falschem und Schlechtem. Gottes Gnade durfte in unserem Leben triumphieren. **Wir haben den seligmachenden und rettenden Glauben ergreifen dürfen.** Aber es hat einen Preis gekostet und wir haben uns auch nach unserer Bekehrung sicherlich nicht immer vorbildlich verhalten und Gott tatsächlich stets die Ehre gegeben. Auch dann ist Schweigen in aller Demut und Ehrfurcht einmal notwendig und sollte von uns aufrichtig gesucht werden. Darum ist auch so etwas wie eine *"Stille Zeit"* sehr angebracht und für unsere Seele nötig und wichtig. Gerade jetzt in dieser Zeit, wo der Glaube verspottet wird und die gesunde Lehre verlacht und verändert und abgelehnt wird (auch unter angeblichen Christen), müssen wir uns an das Fundament klammern, zur Ruhe kommen und allein im für uns gekreuzigten Heiland Jesus Christus unsere einzige gültige Rechtfertigung vor Gottes Heiligkeit und Gerechtigkeit sehen und daran festhalten. Und wenn wir Kinder Gottes sind, dann wird uns der Geist Jesu auch zu dieser Anbetung und demütigen Dankbarkeit führen. Und ebenso zu einem seligen Schweigen bringen, so daß wir in Jesus zur Ruhe und zum Frieden kommen und darin bewahrt und gestärkt werden, bis zur Wiederkunft des Sohnes Gottes in Macht und Herrlichkeit. Amen.

Eine besondere Liebe

"Nicht deshalb, weil ihr zahlreicher wärt als alle Völker, hat der Herr sein Herz euch zugewandt und euch erwählt — denn ihr seid das geringste unter allen Völkern —, sondern weil der Herr euch liebte...".

5. Mose 7, 7-8

Gott ist der Schöpfer alles Lebendigen. Er lässt die Sonne über Gerechte, Ungerechte, Gute und Böse aufgehen, und schickt auch beiden den benötigten Regen (Matthäus 5,45). Die Liebe Gottes gilt im allgemeinen Sinne allen Menschen, wie es auch in Johannes 3,16 geschrieben steht: *"Denn so [sehr] hat Gott die Welt geliebt, daß er seinen eingeborenen Sohn gab, damit jeder, der an ihn glaubt, nicht verloren geht, sondern ewiges Leben hat".* Es gibt aber noch eine weitergehende Liebe, eine aussondernde und suchende Liebe, die ihren Bezugspunkt in der Versammlung (Gemeinde) innerhalb dieser Welt hat, für die Jesus Christus sein Leben hingab. In Johannes 13,1 lesen wir: *"Vor dem Passahfest aber, da Jesus wußte, daß seine Stunde gekommen war, aus dieser Welt zum Vater zu gehen: wie er die Seinen geliebt hatte, die in der Welt waren, so liebte er sie bis ans Ende".* Diese Liebe Christi unterscheidet sich von der allgemeinen Liebe Gottes in der Weise, daß es Menschen gab und gibt, die die Liebe Jesu erwidern konnten und wollten - andere nicht! Entsprechend hat Jesus auch eine andere Beziehung zu den Gläubigen und der Gemeinde, als zu den Ungläubigen und der Welt. Das erscheint sogar für den Verstand nachvollziehbar. Dasselbe gilt auch für Israel, im Vergleich zu allen anderen Ländern dieser Erde. **Dem gläubigen Israel gehört die Kindschaft und die Herrlichkeit, der Bund, das Gesetz, der Gottesdienst und die Verheißungen (Römer 9, 3-5).** Christus selbst war nach dem Fleisch ein Israelit. Wer Israel antastet, tastet Gottes Augapfel an (Sacharja 2,12). Gott macht Unterschiede, und es ist sein gutes, souveränes Recht (Römer 9, 14-24). Ist es bei uns nicht ebenso?

Wenn wir verheiratet oder verliebt sind, lieben wir diesen besonderen Menschen dann nicht anders, tiefer, verbindlicher und mehr als andere Menschen? In Jesaja 62,5 steht: *"Denn wie ein junger Mann sich mit einer Jungfrau vermählt, so werden deine Söhne sich mit dir vermählen; und wie sich ein Bräutigam an seiner Braut freut, so wird dein Gott sich an dir freuen".* **Und die geheiligte Gemeinde (die mit dem gerechten Blut des Sohnes Gottes erkauft wurde) ist die Braut Jesu Christi.** In Offenbarung 19, 8-9 lesen wir: *"Und es wurde ihr gegeben, sich in feine Leinwand zu kleiden, rein und glänzend; denn die feine Leinwand ist die Gerechtigkeit der Heiligen. Und er sprach zu mir: Schreibe: Glückselig sind die, welche zum Hochzeitsmahl des Lammes berufen sind! Und er sprach zu mir: Dies sind die wahrhaftigen Worte Gottes"*! Gottes Liebe in Christus ist die Erfüllung und der Höhepunkt seiner Liebe. Dies ist ein Geheimnis Gottes, was den Herausgerufenen im Evangelium von Jesus Christus offenbart wurde (1. Johannes 4,9).

Was aus Gott geboren ist, überwindet die Welt (1. Johannes 5,4). Gott ist Liebe (1. Johannes 4,8) und das Reich Gottes ist denen verhießen, die IHN lieben (Jakobus 2,5). Gottes Gnade ist für diejenigen unwiderstehlich geworden, die berufen sind. Und wer dies erkennt, ist sich seines Heils auch sicher. In Römer 8, 38-39 schreibt Paulus: *"Denn ich bin gewiß, daß weder Tod noch Leben, weder Engel noch Fürstentümer noch Gewalten, weder Gegenwärtiges noch Zukünftiges, weder Hohes noch Tiefes, noch irgend ein anderes Geschöpf uns zu scheiden vermag von der Liebe Gottes, die in Christus Jesus ist, unserem Herrn"*. Amen.

Verderber ohne Skrupel

'Denn es wird mancher falsche Messias und mancher falsche Prophet auftreten und sie werden große Zeichen und Wunder tun, um, wenn möglich, auch die Auserwählten irrezuführen. Denkt daran: Ich habe es euch vorausgesagt."

Matthäus 24, 24-25

Die Absicht des Teufels ist es, Gottes Schöpfung zu verderben, den Menschen zu einem verkommenen Tier entarten zu lassen, und ihn dazu zu bringen, seine Beziehung zu Gott aufzukündigen. Der Teufel hat dies bereits im Garten Eden getan, und er tut es immer noch. Indem er das Wissen des Menschen um den Heilsplan manipuliert, unterwandert, verschleiert, vernebelt und vermischt. Er fördert religiöse (tote) Glaubenssysteme in der Welt, treibt den Okkultismus voran und entwürdigt den Menschen, zerstört seine Beziehung zu Gott. Und dabei geht er sehr geschickt vor. Der Satan verstellt sich als ein *"Engel des Lichts"* (2. Korinther 11,13-14). Und die Menschen, die dem Teufel dienen (bewusst oder auch unbewusst) verhalten sich entsprechend. Sie geben vor *"Diener der Gerechtigkeit"* zu sein. In Wahrheit sind sie *"falsche Apostel"* und *"betrügerische Arbeiter"*. Paulus sagt, daß dies nichts Besonderes ist so etwas festzustellen. Solche Menschen machen das krumm, was Gott gerade gemacht hat (Apostelgeschichte 13,10). Sie sind voller List und Bosheit. **Achtet einmal darauf wo Menschen Gottes Wort in Frage stellen und Dinge verbieten oder erlauben im Widerspruch zu Gottes Wort.** Und das von Menschen, die sich als *"Arbeiter Gottes"* sehen und feiern lassen. Wir werden an vielen Stellen in der Bibel ausdrücklich darauf hingewiesen, daß viele *"falsche Christusse"* auftauchen werden und die Ungerechtigkeit überhand nehmen wird (Matthäus 24,11).

Das Ergebnis dieser Ungerechtigkeiten, die sicherlich auch einiges an Enttäuschungen hervor bringt, wird Lieblosigkeiten unter den Christen bewirken! Sollen wir uns nun auf erkaltete Liebe einstellen und es einfach traurig über uns ergehen lassen? Wichtig ist zu wissen, daß dies passieren kann und wird. Aber da es uns vorher und ausdrücklich gesagt ist, können wir auch dagegen angehen und unser Verhalten untereinander überprüfen und dagegen steuern. **Eine Warnung wird deshalb geschrieben, damit man auf die Gefahr**

angemessen und positiv reagiert. Falsch wäre Gleiches mit Gleichem zu vergelten - Sprüche 24,29: *"Sprich nicht: Wie einer mir tut, so will ich ihm auch tun und einem jeglichen sein Tun vergelten"*. Manche Menschen, die scheinbar auf Gottes Seite waren, werden den Glauben preisgeben und sich Leuten anschließen, die sie mit ihren Eingebungen in die Irre führen, und werden den Lehren dämonischer Mächte folgen (1. Timotheus 4,1). Das sollten wir auch wissen, und sehr aufpassen, was wir von wem hören und annehmen. Für uns gilt es den Glauben zu bewahren, der Wahrheit nachzufolgen, dem Evangelium des Friedens zu vertrauen, Glauben zu halten, des Heils in Jesus gewiß sein, den Geist Gottes wirken zu lassen, das Wort zu bewahren und unser Heil allein in der Liebe und Gnade Gottes zu suchen und anderen Menschen davon freimütig erzählen (Epheser 6,11-20).

Solange wir noch Zeit haben

"Lasst uns aber Gutes tun und nicht müde werden; denn zu seiner Zeit werden wir auch ernten, wenn wir nicht nachlassen. Darum, solange wir noch Zeit haben, lasst uns Gutes tun an jedermann, allermeist aber an des Glaubens Genossen".

Galater 6, 9-10

Der Mensch erntet was er sät (Galater 6,7). Das ist nicht nur als Warnung gemeint, sondern auch als Motivation und Ansporn Gutes zu tun, solange es möglich ist. Es ist demnach auch ein Irrtum zu glauben, es könnte übersehen werden, was einer Positives vollbringt. Etwas, wofür er Zeit, Geld, Interesse und seinen Egoismus opfert. Gott sieht es (der HERR schaut in das Verborgene - Matthäus 6,4: *"...dein Vater, der in das Verborgene sieht, wird dir's vergelten"*). Unsere Bemühungen anderen Christen gegenüber stehen hier besonders im Fokus des HERRN. Zum einen, weil unsere Frömmigkeit (die Gott schenkt) etwas mit Erkenntnis, Tugend, Geduld und Liebe zu tun hat (2. Petrus 1, 3-7) und weil alles, was wir einem unserer Glaubensgeschwister Gutes tun, letztlich auch Jesus getan haben (Matthäus 25,40). Selbst ein einfaches Glas Wasser wird nicht unbelohnt bleiben, wenn wir es darum jemandem geben, weil er an Jesus Christus glaubt (Matthäus 10,42). Es ist nicht so entscheidend, wie einer das emotional aufnimmt was man ihm hilfreich anbietet, oder ob derjenige es auch immer weiß, woher die Hilfe und Unterstützung kommt. In Matthäus 6,3 steht: *"Lass deine linke Hand nicht wissen, was die rechte tut"*. **Das bedeutet, wir sollen unsere Hilfen nicht inszenieren und es so machen, damit es ja auch jeder mitbekommt.** Wenn Gott einen ehren will, dann schafft er das auch ohne unser Dazutun. Wie Gott allein uns und unsere Taten sieht ist entscheidend und nicht, wie ich mich selbst sehen will. Auch wenn es gegenteilig läuft und manche vielleicht nicht so reagieren wie wir uns das erhoffen (aus Scham, Angst, Verbitterung) sollen wir uns dadurch nicht entmutigen lassen. Paulus schrieb dem Timotheus: *"Ihr aber, liebe Brüder, laßt's euch nicht verdrießen, Gutes zu tun"* (1. Timotheus 1,13).

Manche Menschen sind wohl etwas merkwürdig und tun sich schwer etwas anzunehmen. Aber besonders als Christen (wenn es bei uns so ist) sollten wir hier unsere Einstellung ändern (lassen) und überdenken. Wer nichts annimmt, wie kann der auf die Erhörung seiner Gebete hoffen? Gott hilft nicht selten auch gerade durch andere Menschen. **Man kann wohl von beiden Seiten vom Pferd fallen.** Es gibt auch solche, die können gar nicht genug annehmen und nutzen die Gutmütigkeit von Christen aus. Da gibt es Menschen, die heucheln Interesse für Gott vor, und wollen aber nur etwas abstauben. So etwas erlebt man mitunter auch immer wieder am Büchertisch in der Stadt. Da heisst es dann ungefähr so: *"Ihr seid doch Christen, gebt uns Geld!"* Mit einem (oder mehreren) Gratis-Büchern, Cd's und wertvollen Schriften ist es eher nicht getan. Mitmachen muss man da nicht. Wir dürfen die Motivation und Einstellung mancher Menschen auch prüfen, und haben ohne Zweifel die Freiheit, einfach *"Nein"* zu sagen, wenn uns etwas merkwürdig vorkommt. Grundsätzlich gilt sicherlich, daß wir offene Augen und Ohren haben sollten für die wirklichen Nöte anderer Menschen und unserer Glaubensgenossen. Gott prüft auch unseren Glauben und manche (guten) Gelegenheiten kommen nicht wieder. Manches schlechte Gewissen kann man sich ersparen, wenn doch Zeit, Gelegenheit, Mittel und Einstellung vorhanden waren und es gepasst hätte. Aber man zögerte und war mutlos tätig zu werden, oder traute sich nicht, einfach nachzufragen, ob man konkret helfen kann? Gott belohnt unsere guten Taten (auch schon auf Erden) und bereitet diese sogar noch vor. Solange es geht, sollten wir uns Schätze im Himmel sammeln (Matthäus 6,20).

Evangelium für Sünder

"Wir wissen aber, daß das Gesetz alles, was es spricht, zu denen sagt, die unter dem Gesetz sind, damit jeder Mund verstopft werde und alle Welt vor Gott schuldig sei, weil aus Werken des Gesetzes kein Fleisch vor ihm gerechtfertigt werden kann; denn durch das Gesetz kommt Erkenntnis der Sünde".

Römer 3, 19-10

Wenn man andere Menschen in der Weise kritisiert, daß man ihnen massive Vorwürfe in einer Sache macht, in der man selbst versagt, ist man ein Heuchler. In dem Zusammenhang sagte Jesus, daß man das Heilige nicht den Hunden geben, und auch keine Perlen vor die Schweine werfen sollte (Matthäus 7,6). In Bezug auf die Erkenntnis der Sünde bedeutet dies offensichtlich, daß es wohl wenig Sinn macht, wenn man halsstarrigen, unbußfertigen, lästernden und götzendienerischen Menschen das Evangelium predigt. Wenn man sich mit dem heiligen und gerechten Gott nicht auf irgendeine sinnvolle Weise auseinandersetzt, wie soll man dann zur Erkenntnis der Sünde kommen? In Matthäus 1, 21 steht: *"Sie wird aber einen Sohn gebären, und du sollst ihm den Namen Jesus geben, denn er wird sein Volk erretten von ihren Sünden"*. Wir bekommen hier einen Namen genannt, der über allen Namen steht und somit der einzige ist, unter dem Himmel, der für uns Menschen eine rettende und erlösende Wirkung hat (Apostelgeschichte 4,12). Dann lesen wir etwas von Sünden und Errettung - darum geht es. **Jesus kam in diese Welt, um die Menschen von ihren Sünden zu erretten.** In 1. Johannes 1,10 lesen wir: "*Wenn wir sagen, daß wir nicht gesündigt haben, so machen wir* *ihn zum Lügner, und sein Wort ist nicht in uns"*. Jesus kam um das Verlorene zu suchen und zu retten (Lukas 19,10). Wer sich nicht als Verlorenen und Verirrten sieht und wahrnimmt, der wird nicht mit Gewalt zwangsbekehrt. So jemand hat keine Erkenntnis der Sünde. Wer diese Erkenntnis aber hat und glaubt, dem werden seine Sünden vergeben (Matthäus 9,12). Die Frage ist nun, ob man erst mit Tod und Teufel drohen muss, bevor man das Evangelium predigt? Es ist zumindest nötig über Sünde zu sprechen, und zu definieren was damit gemeint ist. Und warum es Jesus gibt und was IHN zum Retter qualifiziert.

Es ist wichtig keine *"billige Gnade"* zu verkündigen, denn Jesus ist nicht in erster Linie der Bewahrer vor der Hölle, sondern der Retter und Erlöser vor der Sünde. Sünde ist Rebellion gegen Gott. Die Erkenntnis darüber kann auch erst im Laufe der Zeit bei einem Menschen (auch Christen) kommen, wenn man sich selbst kennen lernt, und durch den Heiligen Geist wahr nimmt, absolut gottesfeindlich und verdorben zu sein durch die Sünde. Diese Welt und auch der Körper in dem wir stecken ist oft eine Last. Es gibt viele Traurige, Verzweifelte, Kranke, Desillusionierte, Unglückliche und Verzweifelte - es kann eigentlich keiner wirklich daran zweifeln, daß in dieser kranken Welt einiges schief läuft. **Und wo man selbst steht vor Gott, gehört auch zur Erkenntnis der Sünde.** Man kommt in seinem Leben daher an den Punkt, wo man an der Frage nach dem Sinn des Lebens und seiner Schuld vor Gott nicht vorbei kommt. Jesus sagte daß uns die Wahrheit frei macht (Johannes 8,32). Das beinhaltet auch die Tatsache, daß der Mensch ein Sünder ist, und von einem heiligen, gerechten Gott (so wie er ist) abgelehnt und verurteilt werden muss. Wenn wir Jesus nicht als Vergeber unserer Sünden erkennen, Buße tun, und durch Gottes Gnade den Heiland im Glauben annehmen, werden wir in unseren Sünden sterben (Johannes 8,24). Paulus schrieb: *"Nun bin ich aber durch das Gesetz dem Gesetz gestorben, um für Gott zu leben. Ich bin mit Christus gekreuzigt; und nun lebe ich, aber nicht mehr ich [selbst], sondern Christus lebt in mir. Was ich aber jetzt im Fleisch lebe, das lebe ich im Glauben an den Sohn Gottes, der mich geliebt und sich selbst für mich hingegeben hat"* (Galater 2, 19-20). Zählt das auch für dich?

Die Grenzen meines Glaubens

"Ich glaube; hilf meinem Unglauben!"

Markus 9,24

Ging es hier nur darum, daß der Vater des besessenen Kindes zu wenig glaubte, oder womöglich gemerkt hatte, daß er aus sich selbst heraus überhaupt keinen Glauben hervorbringen konnte? Manchmal kommt ein ansich gläubiger Mensch irgendwie in eine notvolle Situation, in der er feststellt, daß er zwar gerne mehr, stärker, mutiger und verbindlicher glauben will, aber innerliche Blockaden spürt, wie bei dem Mann, dessen Sohn einen *"sprachlosen Geist"* hatte, der ihn sehr plagte (Markus 9, 17-18). Zuvor hatte Jesus seine Jünger und den Vater für ihren Unglauben in diesem Fall gerügt (Markus 9,19: *"O du ungläubiges Geschlecht, wie lange soll ich bei euch sein? Wie lange soll ich euch ertragen?"*). **Manchmal denken wir, wir haben Glauben und sind echte Christen, und wenn es darauf ankommt, sieht es aus, als ob wir es doch nicht sind.** Das kann einen sehr irritieren. Wenn wir als Christen beten, dann bitten wir ja meist darum, daß Gott uns darin helfen soll, wozu wir nicht fähig sind und was außerhalb unserer Macht steht. Wozu wir selbst imstande sind, dafür beten wir eher nicht. Aber was können wir wirklich? Jesus betonte, daß dieser unreine Geist in dem Kind, nur durch Fasten und Gebet ausfahren konnte (Markus 9,29). Die Jünger konnten also nichts bewirken, weil sie nicht beteten und womöglich meinten, es auch ohne Jesus (ohne Glauben) hinzubekommen. Die Aussage des Vaters war demnach auch ein Lehrstück für die Jünger, ebenso wie für uns: *"Ich glaube; hilf meinem Unglauben!"* Man kann also *"glauben"*, und in manchen Momenten trotzdem auch *"ungläubig"* sein. Und wie ist es dann mit dem rettenden Glauben, also dem Glauben an das Evangelium? Kann ich da dann auch glaubend ungläubig sein? Wenn ich denke, der heilsbringende Glaube an Jesus Christus (Johannes 3,16) ist nur eine Frage meiner Entschlossenheit und Einstellung oder meiner gutdurchdachten Selbstanalyse, kann es ein böses Erwachen geben! Jesus sagte in Johannes 15,16: *"Nicht ihr habt mich erwählt, sondern ich habe euch erwählt und bestimmt, dass ihr hingeht und Frucht bringt und eure Frucht bleibt, damit, wenn ihr den Vater bittet in meinem Namen, er's euch gebe"*. Woher kommt demnach mein Glaube, der Glaube, der auch Frucht bringt nach Gottes Willen?

Es geschieht durch das Wunder der *"neuen Kreatur"* (2. Korinther 5,17). Ohne Neugeburt können wir das Reich Gottes nicht sehen und betreten (Johannes 3,3) und es ist unmöglich (geradezu lächerlich) zu meinen, daß dies in der Hand eines verlorenen (geistlich toten) Menschen liegen könnte. Ohne die Geburt aus Wasser und Geist (also zuerst auf menschliche und dann auf göttliche Weise) können wir keinen heilsbringenden Glauben haben - Johannes 3, 5-7: *"Wahrlich, wahrlich, ich sage dir: Es sei denn, dass jemand geboren werde aus Wasser und Geist, so kann er nicht in das Reich Gottes kommen. Was vom Fleisch geboren ist, das ist Fleisch; und was vom Geist geboren ist, das ist Geist. Wundere dich nicht, dass ich dir gesagt habe: Ihr müsst von neuem geboren werden"*. Es gab damals Pharisäer, ebenso wie es heute Theologen gibt, die zwar von der Nützlichkeit ihres Studiums mehr oder weniger überzeugt waren, die aber dennoch ungläubig, maximal religiös, aber nicht von neuem geboren waren. **Und wir sind nicht besser, wenn wir nicht einsehen, von alleine niemals den rettenden Glauben im Evangelium Jesu Christi zu finden.** Wir würden noch nicht einmal suchen wollen, wenn es an uns läge. In Matthäus 5,20 lesen wir: *"Denn ich sage euch: Wenn eure Gerechtigkeit nicht besser ist als die der Schriftgelehrten und Pharisäer, so werdet ihr nicht in das Himmelreich kommen"*. Es gibt nur eine Gerechtigkeit die vor Gott zählt, und das ist die Gerechtigkeit durch Christus, die von Gott dem Glauben zugerechnet wird. Alle Ehre gehört dem Vater im Himmel und seine freie Gnade rettet uns - sonst nichts - Titus 3, 4-7: *"Als aber erschien die Freundlichkeit und Menschenliebe Gottes, unseres Heilands, machte er uns selig - nicht um der Werke der Gerechtigkeit willen, die wir getan hatten, sondern nach seiner Barmherzigkeit - durch das Bad der Wiedergeburt und Erneuerung im Heiligen Geist, den er über uns reichlich ausgegossen hat durch Jesus Christus,* *unsern Heiland, damit wir, durch dessen Gnade gerecht geworden, Erben des ewigen Lebens würden nach unsrer Hoffnung".* Amen.

Die Vergebung der Sünden

"Sollten wir aber, die wir durch Christus gerecht zu werden suchen, auch selbst als Sünder befunden werden - ist dann Christus ein Diener der Sünde? Das sei ferne! Denn wenn ich das, was ich abgebrochen habe, wieder aufbaue, dann mache ich mich selbst zu einem Übertreter. Denn ich bin durchs Gesetz dem Gesetz gestorben, damit ich Gott lebe. Ich bin mit Christus gekreuzigt".

Galater 2, 17-19

Um zu wissen, wer man dank Jesu Christi nicht mehr ist, muss man zuvor wissen, wer man war. Wer frei geworden ist, und das so sagen kann, muss zuvor verstanden haben, worin er gefangen gewesen ist. In Römer 8, 1-2 schreibt der Apostel Paulus: *"So gibt es nun keine Verdammnis für die, die in Christus Jesus sind. Denn das Gesetz des Geistes, der lebendig macht in Christus Jesus, hat dich frei gemacht von dem Gesetz der Sünde und des Todes".* Wer weiß, daß er vor Gott ein Sünder ist, also vom Heiligen Geist überführt wurde von seinem verlorenen Zustand, der ist (durch den Glauben) von der Lüge der Sünde zur Wahrheit des Evangeliums hindurch gedrungen. In Johannes 8, 31-32 lesen wir: *"Da sprach nun Jesus zu den Juden, die an ihn glaubten: Wenn ihr bleiben werdet an meinem Wort, so seid ihr wahrhaftig meine Jünger und werdet die Wahrheit erkennen, und die Wahrheit wird euch frei machen".* Aber die damaligen Juden waren zu stolz das anzuerkennen. Und heute? **Unsere Identifikation als von Gott geliebter Mensch, finden wir nicht in einem unerlösten Zustand.** Wer nicht (durch Jesus Christus) frei ist, wie sollte der in einem gesunden und klaren Verhältnis zu sich selbst stehen können? Jede Freiheit die einem außerhalb des Evangeliums versprochen und angeboten wird, ist eine Illusion und ein Betrug der Sünde (Hebräer 3, 12-13: *"Seht zu, liebe Brüder, dass keiner unter euch ein böses, ungläubiges Herz habe, das abfällt von dem lebendigen Gott; sondern ermahnt euch selbst alle Tage, solange es »heute« heißt, dass nicht jemand unter euch verstockt werde durch den Betrug der Sünde"*). Dies betrifft alle, die nur mit dem Evangelium symphatisieren, aber sich nicht wirklich bekehrt haben und somit immer in Gefahr stehen, durch ihr böses Herz betrogen zu werden. Ein gläubiges und somit gereinigtes Herz ist der Schlüssel zur Erlösung, Erkenntnis, Frucht und Zuversicht in der offenbarten Wahrheit des Heilandes.

Wie kann man Sünde erkennen? Sicherlich nicht durch moralische Anschauungen, denn die richtet sich oft nur nach menschlicher Gerechtigkeit und geht von einem *"guten Kern"* aus, den die Menschen angeblich haben sollen. Stimmt aber nicht. Sünde, wie sie die Bibel definiert, kann nur von jemandem deutlich gemacht werden, der die Wahrheit in sich trägt und ausmacht und der absolut gerecht ist. Das kann nur der lebendige Gott sein, der sich in Jesus Christus offenbart hat. **Wer im Betrug der Sünde lebt, ist in seinem von Gott getrennten Zustand absolut blind und uneinsichtig.** So jemand leidet sicherlich unter den Auswirkungen, kann aber damit keinerlei Konsequenzen oder Erkentnisse verbinden, die ihm seine Verlorenheit vor Gott verdeutlichen könnten. Also hat Gott zum einen Gesetze aufgestellt (angefangen bei den zehn Geboten - 5. Mose 5, 6-21) bis zu allen anderen Gesetzen und Geboten in der Bibel, um zum anderen, eine plausible Erklärung zum Thema Sünde (und was das mit mir zu tun hat) zu geben. In Römer 3,19-20 lesen wir: *"Wir wissen aber: was das Gesetz sagt, das sagt es denen, die unter dem Gesetz sind, damit allen der Mund gestopft werde und alle Welt vor Gott schuldig sei, weil kein Mensch durch die Werke des Gesetzes vor ihm gerecht sein kann. Denn durch das Gesetz kommt Erkenntnis der Sünde".* Wer sich hier durch Gottes Gnade beugen kann, und sich somit allein durch Jesus Christus vor Gott gerechtfertigt sieht, ist dann auch zum Heil erwählt worden (Epheser 1, 4-5). Wer ich bin, weiß Gott. Und in Jesus Christus darf ich im Himmel mit Gott einmal eine Einheit bilden, die alles übersteigt, was ich mir je vorstellen kann (Johannes 17, 20-24). Amen.

Glauben wie man will?

"Siehe, ich liebe deine Befehle; HERR, erquicke mich nach deiner Gnade. Dein Wort ist nichts als Wahrheit, alle Ordnungen deiner Gerechtigkeit währen ewiglich".

Psalm 119, 159-160

Es ist sozusagen ein Stück weit das Phänomen der scheinbar gläubigen Welt und das religiöse Produkt unserer Zeit, daß man meint Gott begegnen zu können, wie man will. Die eigenen Vorstellungen werden hier zum Maß aller Dinge. Und Menschen, die auf die Bibel als geistiche Autorität verweisen, werden nicht ernst genommen oder auch angefeindet, weil sie sich auf so ein altes, ihrer Ansicht nach widersprüchliches Buch verlassen und vorgeben wollen, worauf sich der rechte Glaube gründet. Das wollen sie nicht und lehnen es oftmals rigoros ab. Kommt es darauf an, was man sich selbst glaubensmäßig suggeriert und vorstellt? Nein, darauf kommt es nicht an, sondern darauf was Gott sagt (sofern man an ihn glaubt). **Wie kann ich denn nach meiner eigenen Vorstellung Gott begegnen und ihn verstehen lernen?** Das wäre ja so, als ob ich im Mittelalter leben würde, und dann nach meiner eigenen Vorstellung einen Hubschrauber fliegen soll. Wie sehr würde mich das verwirren? Wie weit würde ich kommen? Aber genau das behaupten dann manche, daß sie den Durchblick haben, sich in die Lüfte erhoben haben und aus der Höhe alles gesehen und erkundet haben und von keinem mehr Belehrung brauchen. Das ist die Arroganz der eingebildeten Besserwisser. So ähnlich wie damals die Pharisäer und Schriftgelehrten. Die haben aber zumindest die Thora gehabt und wohl auch gelesen, aber das, worauf es ankommt, nämlich Gnade, Barmherzigkeit, Nächstenliebe und Erlösung haben sie ignoriert und für überfüssig gehalten. Sich selbst haben sie aber über allem schwebend gesehen. Warum glauben Menschen an die Botschaft der Bibel? Was hat sie überzeugt? In 1. Thessalonicher 2,13 schreibt der Apostel Paulus: *"Darum danken wir auch Gott ohne Unterlass dafür, dass ihr das Wort der göttlichen Predigt, das ihr von uns empfangen habt, nicht als Menschenwort aufgenommen habt, sondern als das, was es in Wahrheit ist, als Wort Gottes, der in euch wirkt, die ihr glaubt".*

Sie haben verstanden, daß das Evangelium von Jesus Christus eben keine menschliche Botschaft ist, sondern direkt aus dem Himmel kommt sozusagen. Durch die Propheten und die Apostel (laut 2. Petrus 1, 17-21 von Gott erwählt, autorisiert und befähigt) haben wir schriftlich das Wort des lebendigen Gottes in der Hand. **Und durch den Glauben können wir daran auch geistlichen Anteil haben, der zur Seligkeit im gekreuzigten Heiland und Erlöser Jesus Christus führt (Johannes 3,16).** Er ist der Sohn des lebendigen Gottes. Gott, der Geist ist, wurde Mensch und hat durch seinen Tod und seine Auferstehung am Kreuz von Golgatha die Vergebung der Sünden (in Gerechtigkeit) möglich gemacht. In 2. Korinther 5,19 steht demnach: *"Denn Gott war in Christus und versöhnte die Welt mit ihm selber und rechnete ihnen ihre Sünden nicht zu und hat unter uns aufgerichtet das Wort von der Versöhnung"*. Und wer nun meint, man muß das so nicht glauben und kann das auch anders sehen und in Anspruch nehmen (sowie als vermeintliche Wahrheit verkaufen), der legt sich mit dem ewigen Gott an. Die Bibel redet davon, wer ein anderes Evangelium predigt als so, wie es die Apostel empfangen haben von Gott durch den Heiligen Geist, der ist verflucht (Galater 1,8). Selbst dann, wenn ein Engel vom Himmel hier etwas anderes berichten würde. Und gerade auch die Schriften einiger bekannter außerbiblischen Religionen und Sondergemeinschaften berufen sich auf Botschaften, die sie von Engeln erhalten haben. Glauben wir wie die inspirierte Bibel es sagt und vorgibt und predigt. Es ist die einzige Option und der einzige Glaube, den Gott annehmen kann und will.

Da wurden Kinder zu ihm gebracht

"Da wurden Kinder zu ihm gebracht, damit er die Hände auf sie legte und betete. Die Jünger aber fuhren sie an. Aber Jesus sprach: Lasset die Kinder und wehret ihnen nicht, zu mir zu kommen; denn solchen gehört das Himmelreich. Und er legte die Hände auf sie und zog von dort weiter".

Matthäus 19, 13-15

Diese Begebenheit war nicht nur für die damaligen Jünger eine sehr lehrreiche Erfahrung gewesen. Auch uns (als Christen) kann das viel sagen, wie Jesus hier mit den Kindern umgegangen ist und wie er, im Gegensatz zu den Jüngern, auf sie reagierte. Wie oft haben wir doch die Einstellung und Sichtweise, daß Kinder sowieso nicht wissen was sie wirklich wollen und was gut für sie ist? Denken wir nicht auch in der Kategorie: Wenn Erwachsene sich unterhalten, haben Kinder erstmal Sendepause!? In dieser biblischen Erzählung geht es gewiss nicht um Erziehungsfragen oder fehlenden Respekt. Es ist doch nicht selten gerade unser Stolz und unsere eingebildete Erhabenheit (gerade Kindern gegenüber) die uns daran hindern uns wirklich vor Gott zu demütigen (1. Petrus 5,6). In Matthäus 18, 2-5 sagt Jesus: *"Wahrlich, ich sage euch: Wenn ihr nicht umkehrt und werdet wie die Kinder, so werdet ihr nicht ins Himmelreich kommen. Wer nun sich selbst erniedrigt und wird wie dies Kind, der ist der Größte im Himmelreich. Und wer ein solches Kind aufnimmt in meinem Namen, der nimmt mich auf"*. Es geht hier also, und in erster

Linie, nicht um irgendeinen frommen Verhaltenskodex, sondern um eine lebendige Beziehung zwischen Mensch und Gott, zwischen dir und Jesus Christus. Ein Kind ist Gott gegenüber niemals naiv (*"fehlende und notwendige Einsicht für die eigenen Handlungen"*) sondern es wird durch Liebe und Vertrauen geleitet. **Liebe braucht Vertrauen und keine Logik.** Ein Kind hinterfragt nichts kritisch, wenn es spürt geliebt, versorgt und angenommen zu sein. Von daher waren nur die Jünger naiv, die in ihrer vernunftgesteuerten Rationalität aggressiv auf die kleinen Kinder reagierten.

Was tat Jesus? Er ärgerte sich über die Jünger und herzte die Kinder (Markus 10,14). Fühlen wir uns eher schmerzlich berührt, wenn uns ein anderer vormacht, wie man richtig reagiert und antwortet, oder ärgern wir uns noch mehr, weil wir in unserem Stolz verletzt sind und dann vor den Kindern dumm dastehen könnten? Gibt es solche Momente nicht auch in der Familie, wenn sich die Eltern nicht einig sind, wie sie auf die Kinder in manchen Augenblicken reagieren sollten? Hast du dich schon mal bei einem Kind entschuldigt? Wir sollen sicherlich nicht stets allem drängen und wünschen der Kinder nachgeben und zu allem ja und Amen sagen, aber es bedeutet, im Hinblick auf unseren Glauben, daß wir manchmal weniger denken und mehr fühlen dürfen und weniger fleischlich, sondern mehr geistlich uns verhalten sollten. **Geistlichkeit hat mit Liebe zu tun!** Kinder sind viel eher gehorsam und dankbar, wenn sie ernst genommen werden und einfach Kind sein dürfen ohne ständig Angst haben zu müssen, angefahren und beschimpft zu werden, weil ihre Bedürfnisse gerade unpassend sind oder die Erwachsenen meinen, daß Gott sich nicht mit Kinderkram abgibt. Aber genau das ist es, was der HERR tut - jeden Tag...! Gott will uns, auf den Glauben des Herzens bezogen, als Kinder, nicht als Erwachsene. Wenn Jesus sagt: *"Lasset die Kinder zu mir kommen und wehret ihnen nicht..."*, dann drückt das aus, daß Gott will, daß wir wissen und verstehen, allein in IHM unseren liebenden Versorger und Erlöser zu haben. Die Tür zu Gottes Herz ist solchen Glaubenden immer offen, egal womit der HERR gerade beschäftigt ist, oder wie andere Christen darauf reagieren.

Demut und Respekt

"Die Furcht des HERRN ist Zucht, die zur Weisheit führt, und ehe man zu Ehren kommt, muß man Demut lernen."

Sprüche 15,33

Warum ist Demut und Gottesfurcht so wichtig? Man kann einfach antworten und nüchtern feststellen, daß eine hochmütige Einstellung einen Menschen letztlich immer zu Fall bringen wird (Sprüche 16,18). Die Erfahrung lehrt es, daß Hochmut stets vor dem Fall kommt. Stolz ist in der Tat eine üble Sache und auch wohl das größte unüberwindbare Hindernis in der Beziehung zu unserem Schöpfer. Gott wird jeden, der sich selbst erhöht erniedrigen (Lukas 18,14). Ein stolzes (hochmütiges) Herz ist dem HERRN ein Greul. Auf deutsch: Es widert ihn an! Hochmut gab es auch im Himmel denn im Herzen des ehemals *"schönen Morgensterns"* (Satan) machte sich Neid, Stolz und Arroganz breit. Und das obwohl der Teufel kein Mensch war sondern ein Engelwesen in hoher Position (Jesaja 14,12-14). Er hatte schon viel Ruhm, Ehre und Macht und dazu sicherlich noch viele Privilegien die nicht alle Engel hatten. Dennoch war er voller Bosheit und Zerstörungswut (Vers 17) und konnte es nicht ertragen Gott untergeordnet zu sein. Sein Wille war es Gottes Platz einzunehmen. **Das Verrückte daran ist, daß sich kein Lebewesen über Gott erheben KANN, denn sonst wäre Gott nicht Gott (2. Samuel 7,22).** Es kann nicht einen allmächtigen Gott geben, wenn er Platz für einen anderen Gott oder einen Teil seiner Schöpfung machen könnte. Gleichermaßen könnte man vom höchsten Punkt der Erde verlangen nicht der höchste Punkt der Erde zu sein! Das geht einfach nicht. Man kann auch nicht sagen Gott hat sich entschieden der Höchste zu sein. ER kann sich nicht größer machen weil ER bereits das A und das O in allem ist (Offenbarung 1,8). ER ist, wer ER ist bis in alle Ewigkeit (2. Mose 3,14) nämlich der Allgegenwärtige, Allwissende und Allmächtige!

Was der Herr aller Herren aber nun kann und wollte, ist sich zu erniedrigen und ein Mensch zu werden (Philipper 2,7). Das müssen wir uns vorstellen, der gleiche ewige Gott, Schöpfer des Himmels und der Erde, der den Satan aus dem Himmel geworfen hat, macht sich klein, begrenzt, verletztlich und sterblich. Er lässt sich von den erschaffenen Menschen grausam am Kreuz unschuldig hinrichten um sich mit sich selbst zu versöhnen (2. Korinther 5,19). **Wenn Gott nun aus Liebe und Mitleid dazu bereit war, wie könnten wir dann auch nur im Entferntesten daran denken Gott den Respekt und die dankbare (gläubige) Anerkennung zu verweigern?** Wie könnten wir das Evangelium ablehnen? Kannst du? Als Christen werden wir nun ebenso aus Liebe und Sorge so manchem Druck ausgesetzt. Wir müssen manchmal wieder aufgerüttelt werden wenn wir in Gefahr stehen lässig, respektlos und oberflächlich zu werden. Hochmut und Stolz können nicht nur schlechte Eigenschaften ungläubiger Menschen sein. (Hebräer 12,6; Offenbarung 3,19). Durch manches Unglück hat so mancher Mensch zu Gott gefunden und Demut gelernt. Gott meint es gut mit uns, mit dir. Aber ER kann Dummheit die sich in Stolz, Hochmut, Lästerung und Unglauben äußert nicht unwichtig nehmen und so ein Verhalten ignorieren. Wir sind Gott nicht egal und das äußert sich eben auf die eine oder andere Weise. Gehen wir nun auch als Glaubensgeschwister unbedingt in Demut, Respekt, Hilfsbereitschaft und Vergebung miteinander um. Gott hat das zum Gradmesser gemacht für unser Verhalten zu IHM (Matthäus 25,40). Wie sehr bist du Gott dankbar und wie sehr liebst du ihn? (Römer 12,10-16).

Ein Faß ohne Boden

"Alles Reden ist so voll Mühe, dass niemand damit zu Ende kommt. Das Auge sieht sich niemals satt, und das Ohr hört sich niemals satt".

Prediger 1,8

Die Welt will uns in jeder erdenklichen, möglichen und unmöglichen Art und Weise befriedigen. Und das geschieht immer aufgrund eines tatsächlichen oder eingebildeten Mangels. Wir werden glauben gemacht, daß in mir so manches Verlangen schreit und schlummert, von dem ich noch nicht einmal wusste, daß ich da einen Bedarf habe. Die Welt und Gesellschaft wartet aber nicht ab, bis wir uns irgendwie melden und nachfragen, sondern sie teilt uns gewissermaßen mit, was wir unbedingt zu brauchen haben. Die Menschen sind hier unersättlich und einfallsreich ohne Ende. Ein Faß ohne Boden! Es gibt mittlerweile sogar Angebote über den Tod hinaus. Grabsteine mit Videobotschaften sind der letzte Schrei um den Angehörigen die Erinnerung und Anteilnahme zu erleichtern. Sehen und Hören als Ersatzbefriedigung für eine geistlich blinde und taube Welt. **Man kann Freiheit und Abenteuer mittels einer Schachtel Glimmstengel erwerben und den Duft der weiten Welt gibt's schon für 9,99 Euro!** Wie es uns aber tatsächlich geht und was wir wirklich brauchen, sehen wir und die Verkaufsstrategen meist nicht. Der Prophet Haggai schreibt: *"Und nun, so spricht der Herr der Heerscharen: Achtet doch aufmerksam auf eure Wege! Ihr sät viel und bringt wenig ein; ihr esst und werdet doch nicht satt; ihr trinkt und habt doch nicht genug; ihr kleidet euch und werdet doch nicht warm; und wer einen Lohn verdient, der legt ihn in einen durchlöcherten Beutel!"* (Haggai 1, 5-6). Wenn wir ehrlich sind, trifft das nicht selten genau so auf unser Leben zu. Und die Gefahr besteht auch für Christen, sich in Abhängigkeiten und täglichen Sorgen um das eigene Wohl aufzureiben. Aber stattdessen sollten wir uns daran erinnern, daß wir uns eben gerade nicht um unser Leben Sorgen machen sollen (Matthäus 6,25). Gott weiß, daß wir stets dazu geneigt sind uns durch Sorgen die Kraft und den Mut für's Leben rauben zu lassen. Uns ist zwar kein Leben ohne Probleme und Anfechtungen verheißen, aber wie wir damit umgehen, wenn sie da sind, wird uns prägen, verändern, stärken oder auch nervlich und körperlich schaden.

Zu der Samariterin am Brunnen sagte Jesus: *"Jeden, der von diesem Wasser trinkt, wird wieder dürsten. Wer aber von dem Wasser trinkt, das ich ihm geben werde, den wird in Ewigkeit nicht dürsten, sondern das Wasser, das ich ihm geben werde, wird in ihm zu einer Quelle von Wasser werden, das bis ins ewige Leben quillt"*. Wir lernen und begreifen es nicht in der Theorie, daß unsere Seele nicht in äußerer Befriedigung zur Ruhe kommt. Sie ist unersättlich und weiß nicht was gut für sie ist. Der praktische Glauben ist die Lösung! Dadurch können wir die Dinge sehen wie sie sind, und unterscheiden zwischen dem, was nur meinem Fleisch und dem, was meiner Seele hilft. Jesus Christus ist die Quelle die sich unserem Lebensdurst annehmen will. Unsere Sorgen, Nöte, Anliegen und Bitten sind bei ihm gut aufgehoben. Gott weiß was wir brauchen und nötig haben (Matthäus 6,32). **Es geht nicht in erster Linie um Arterhaltung und Bedürfnisbefriedigung, sondern um Leben, wie Gott es meint und nur ER schenken kann durch den Heiligen Geist.** Darum sagte Jesus in Matthäus 6,33 auch: *"Trachtet vielmehr zuerst nach dem Reich Gottes und nach seiner Gerechtigkeit, so wird euch dies alles hinzugefügt werden"*! Das erleben wir nur in der Praxis und mitten im Alltag und so manchem Engpass und schwierigem Moment. Da brauchen wir Geduld und Vertrauen und den Mut konkret zu beten und zu warten. Gottes Hilfe kommt vielleicht nicht immer so und auch wann wir es meinen und hoffen, aber immer richtig und niemals zu spät. Es lohnt sich Gott zu vertrauen - Hebräer 10, 35-36: *"So werft nun eure Zuversicht nicht weg, die eine große Belohnung hat! Denn standhaftes Ausharren tut euch Not, damit ihr, nachdem ihr den Willen Gottes getan habt, die Verheißung erlangt"*.

Wie die Schrift sagt

„Wer an mich glaubt, wie die Schrift sagt, von des Leibe werden Ströme lebendigen Wassers fließen“

Johannes 7,38

Gott ist kein Mensch (4. Mose 23,19) aber er wurde zum Menschen wie wir in 1. Johannes 5,20 lesen können: *„Wir wissen aber, daß der Sohn Gottes gekommen ist und uns Verständnis gegeben hat, damit wir den Wahrhaftigen erkennen; und wir sind in dem Wahrhaftigen, in seinem Sohn Jesus Christus. Dieser ist der wahrhaftige Gott und das ewige Leben“*. Es gibt wohl viele Menschen die sich für gläubig halten, und sich auch mit dem *„göttlichen Funken“* ausgestattet sehen. Aber die Bibel ist für sie nur ein Nebenschauplatz der ihrer persönlichen Sicht der Dinge stets weichen muss. **So einen Glauben kennt die Bibel nicht.** Dann verlassen wir uns auf unsere Gefühle, Eindrücke und seelischen Unwägbarkeiten und werden abhängig von Umständen und von Menschen. In einer Broschüre las ich folgenden Text von C. von Viebahn: *„Verzichtest du auf das Wort, so wird dein Glaube gelähmt. Er erstarkt, wenn du täglichen Umgang mit dem lebendigen Gott hast. Das Wort deutet deinen Lebensweg. Das Wort ermöglicht dir den täglichen Umgang mit deinem HERRN. Das Wort heiligt dein Wesen und reinigt deine Gesinnung und Taten“*. Wer darauf verzichtet, und es für entbehrlich hält, die Bibel als Grundlage für seinen Glauben und die Nachfolge anzuerkennen, nimmt Gott nicht ernst und folgt eher sich selbst als Gott nach. Jesus sagte, daß wir nicht nach eigenen Vorstellungen glauben sollen, sondern so, wie die Schrift sagt. In Johannes 5,39 spricht Jesus: *„Suchet in der Schrift; denn ihr meinet, ihr habet das ewige Leben darin; und sie ist's die von mir zeuget“*.

Das Wort Gottes ist vom Heiligen Geist inspiriert. Gott selbst hat sich dafür verwendet seinen Willen schriftlich festzuhalten. Gott hat sich in seiner Fülle und Majestät sicherlich nicht auf die Bibel beschränkt (das geht gar nicht) aber es ist das lebendige Wort des allmächtigen Gottes für die Menschen - und besonders auch für die gläubigen Menschen. In der Bibel erfahren wir wer Jesus Christus ist: *„Denn in ihm ist alles in den Himmeln und auf der Erde geschaffen worden, das Sichtbare und das Unsichtbare, es seien Throne oder Herrschaften oder Gewalten oder Mächte: alles ist durch ihn und zu ihm geschaffen“* (Kolosser 1,16). Je mehr wir uns mit Jesus Christus in der Bibel beschäftigen, desto mehr werden wir auch in unserem Glauben und in der Erkenntnis der Wahrheit bestärkt und auferbaut. **Der Heilige Geist sorgt dafür, daß wir das, was wir im Glauben gelesen**

haben, auch seelisch verarbeiten und als Frucht praktisch einsetzen können und werden. Gottes Wort kommt nicht leer zurück (Jesaja 55,11). Es ist ein Privileg für Christen, wenn sie in ihrer persönlichen täglichen Praxis echte Erfahrungen mit dem Wort Gottes machen, und somit die Kraft Gottes im eigenen Alltag sehen und erleben. Wir werden angesprochen und getröstet und dürfen uns auch einander das Wort Gottes zusprechen, was ich hiermit durch Paulus mache: *„Gnade euch und Friede von Gott, unserem Vater und dem HERRN Jesus Christus. Gepriesen sei der Gott und Vater unseres HERRN Jesus Christus, der Vater der Erbarmungen und Gott allen Trostes“* (2. Korinther 1, 2-3).

Weil Gott mich kennt

"Jesus sah Nathanael kommen und sagt von ihm: Siehe, ein rechter Israelit, in dem kein Falsch ist.Nathanael spricht zu ihm: Woher kennst du mich? Jesus antwortete und sprach zu ihm: Bevor Philippus dich rief, als du unter dem Feigenbaum warst, sah ich dich".

Johannes 1, 47-48

Aufgrund dieser Antwort Jesu, war Nathanael überzeugt, daß er es nicht mit einem normalen Menschen zu tun hatte, sondern mit Gottes Sohn und einem König (Vers 49). **Es beeindruckt uns Menschen, wenn jemand anderes uns treffend charakterisiert, unser Innerstes nach Außen kehren kann, und uns auf den Kopf zusagt, wer wir sind, und wo unsere Stärken und Schwächen liegen.** In Johannes 4, 17-19 geschieht das ebenfalls, als Jesus der Frau am Brunnen Dinge sagt, die ihn als jemanden auszeichnet, der die Menschen genauestens kennt: *"Die Frau antwortete und sprach zu ihm: Ich habe keinen Mann. Jesus spricht zu ihr: Du hast recht geantwortet: Ich habe keinen Mann. Fünf Männer hast du gehabt, und der, den du jetzt hast, ist nicht dein Mann; das hast du recht gesagt. Die Frau spricht zu ihm: Herr, ich sehe, dass du ein Prophet bist".* Sicherlich hören wir die positiven und angenehmen Dinge lieber, als negative Tatsachen, die uns einen Spiegel vor die Nase halten und uns mit Gottes Realität konfrontieren. Die Wahrheit ist in sich selbst neutral und vollkommen, ebenso wie Gott eben Gott ist. Die Frage ist nur, wie die Menschen damit umgehen. In Johannes 8, 31-32 sagt Jesus zu den Juden der damaligen Zeit: *"Wenn ihr bleiben werdet an meinem Wort, so seid ihr wahrhaftig meine Jünger und werdet die Wahrheit erkennen, und die Wahrheit wird euch frei machen".* Wahrheit kann befreiend sein. Dies gilt ganz besonders und entscheidend in der Person Jesus Christus, der der Weg, die Wahrheit und das Leben ist (Johannes 14,6). Der Glaube an das Evangelium von der Vergebung der Sünden befreit uns vor Tod, Teufel, dem gerechten Gericht Gottes und der ewigen Verdammnis. Wer glaubt, kommt nicht ins Gericht - Johannes 5,24: *"Wahrlich, wahrlich, ich sage euch: Wer mein Wort hört und glaubt dem, der mich gesandt hat, der hat das ewige Leben und kommt nicht in das Gericht, sondern er ist vom Tode zum Leben hindurchgedrungen".*

Wir Menschen brauchen Wahrheit, sonst ist unser Leben sinnlos und wir leben in einer

Lüge, die uns in jeder Weise das wahre Leben entzieht und alles verzerrt und lieblos macht. Wahrheit und Liebe gehören zusammen. Wenn man jemanden in der Wahrheit lieb hat, hat man ihn wirklich lieb (3. Johannes 1). Es ist auch die Liebe zur Wahrheit die uns rettet (2. Thessalonicher 2,1). Weil Gott mich kennt (und trotzdem liebt) bekommt unser Leben als Christ einen überragenden Ewigkeitssinn verliehen, der alle Grenzen sprengt und mich mit dem in enge Verbindung bringt, der die Liebe in Person ist - 1. Johannes 4,8: *"Wer nicht liebt, der kennt Gott nicht; denn Gott ist die Liebe"*. Ist das nicht wunderbar? **Wenn man einen Menschen an seiner Seite hat, den man von Herzen liebt, und das auch erwidert wird, dann hat man eine kleine Ahnung von dem, was für eine überfließende, himmlische Kraft und Dynamik in der Liebe steckt.** So eine Liebe überwindet alles, selbst den Tod. Im Hohelied 8, 6-7 lesen wir wunderbare Verse: *"Lege mich wie ein Siegel auf dein Herz, wie ein Siegel auf deinen Arm. Denn Liebe ist stark wie der Tod und Leidenschaft unwiderstehlich wie das Totenreich. Ihre Glut ist feurig und eine Flamme des HERRN, sodass auch viele Wasser die Liebe nicht auslöschen und Ströme sie nicht ertränken können. Wenn einer alles Gut in seinem Hause um die Liebe geben wollte, so könnte das alles nicht genügen"*. Weil Gott mich kennt, weiß er auch ganz genau, was meine Beziehung zu ihm fördert und auch was sie stört. Und weil wir das möglicherweise selbst nicht immer erkennen und einsehen, ist es auch nötig, daß wir dialogfähig sind und bleiben. Gerade auch im Umgang mit unseren Glaubensgeschwistern - vorrangig solchen, die uns etwas kennen und gut einschätzen können. Eben solche, die versuchen uns die Wahrheit zu sagen, weil sie uns lieben. Liebe und Wahrheit hat auch nicht wenig mit Kommunikation zu tun - manchmal auch ohne Worte! Weil Gott mich kennt, versteht er mich.

Die Auferstehung von den Toten

"Aber am ersten Tag der Woche sehr früh kamen sie zum Grab und trugen bei sich die wohlriechenden Öle, die sie bereitet hatten. Sie fanden aber den Stein weggewälzt von dem Grab und gingen hinein und fanden den Leib des Herrn Jesus nicht. Und als sie darüber bekümmert waren, siehe, da traten zu ihnen zwei Männer mit glänzenden Kleidern. Sie aber erschraken und neigten ihr Angesicht zur Erde. Da sprachen die zu ihnen: Was sucht ihr den Lebenden bei den Toten? Er ist nicht hier, er ist auferstanden. Gedenkt daran, wie er euch gesagt hat, als er noch in Galiläa war: Der Menschensohn muss überantwortet werden in die Hände der Sünder und gekreuzigt werden und am dritten Tage auferstehen".

Lukas 24, 1-7

Die Auferstehung Jesu Christi ist das größte Ereignis der Weltgeschichte und darüber hinaus! Die Auferstehung von den Toten ist das Wichtigste für uns gläubige Menschen. Die Summe aller göttlichen Vollkommenheiten ist die Herrlichkeit Gottes, die in der Kraft der Auferstehung Jesu wirksam wurde. **Es ist eine gewaltige und unvorstellbare Kraft, die Jesus von den Toten auferstehen ließ. Dieselbe göttliche Kraft wird auch uns Gläubige zum ewigen Leben auferwecken.** Wäre Jesus nicht von den Toten auferstanden, dann wäre auch keine Erlösung möglich. Dann könnten wir mit Paulus sagen (1. Korinther 15,32): *"Habe ich nur im Blick auf dieses Leben in Ephesus mit wilden Tieren gekämpft, was hilft's mir? Wenn die Toten nicht auferstehen, dann »lasst uns essen und trinken; denn morgen sind wir tot!«"* (Jesaja 22,13). Aller Glaube und alle Mühe wären vergeblich! Aber, gelobt sei Gott, der Sohn des Allerhöchsten hat die Fesseln des Todes abgeworfen und ist lebendig! Gestern, Heute und in alle Ewigkeit! Heute feiern wir das so genannte *"Osterfest"*. Der Name *"Ostern"* kann aber nicht im Sinne Gottes sein, denn er ist heidnischen, altgermanischen Ursprungs. Das Osterfest wurde in allen Kulturen schon lange vor der Zeitenwende gefeiert. Allerdings als Frühlingsfest. Der Name Ostern stammt möglicherweise von der germanischen Licht- und Frühlingsgöttin Ostera ab. Die Göttin Ostera wurde in den kalten nordischen Gebieten natürlich besonders verehrt, da sie nach dem harten Winter, das Leben wieder neu erweckte. Besonders bemerkenswert ist, dass *"Ostera"* einen *"heiligen Hasen"* als Begleiter hatte. Er war ein frühes Sinnbild für Fruchtbarkeit, diente aber auch als Bote zwischen den Göttern. Der römischen Göttin Aphrodite (Göttin der Liebe) war der Hase ebenfalls heilig und diente ihr als flinker Bote. Ihr zu Ehren wurden auch Eier gefärbt und verschenkt. Dieser Brauch findet sich auch in Berichten aus dem alten Ägypten, Persien, Griechenland und aus dem vorchristlichen Rom. Das Ei war schon immer das machtvolle Symbol von Leben, Fruchtbarkeit und Neubeginn. Aber es hat mit dem Auferstehungsfest im Sinne der Bibel rein gar nichts zu tun. Es waren einfach die jahreszeitlichen Umstände die die Kirche dazu bewogen haben, die Auferstehung mit dem Frühlingserwachen und der Fruchtbarkeit zu verbinden.

Heute heißt es irrtümlich Osterfest anstatt Auferstehungsfest und vielleicht für manche auch Osterhase anstatt Lamm Gottes!? Jesus hat uns vor dem Vater im Himmel nicht gegenüber der Sünde verteidigt, sondern ER ist dafür gestorben und von den Toten auferstanden! Nichts Anderes bringt uns vor Gott in den Stand erlöst, gerechtfertigt, geheiligt und weise zu sein. Meine Reue über meine Sünden hätte keinerlei wert, ohne den Tod und die Auferstehung Jesu Christi (1. Korinther 15, 14-17). Jesu Tod am Kreuz wird durch den Glauben zu meinem eigenen Sündentod - nur das ist der rettende Glaube, der uns vor dem gerechten Gericht Gottes freispricht. **Entscheidend ist nicht die Jahreszeit sondern das Ereignis! Jesus lebt und wer an IHN glaubt wird auch auferstehen und leben.** Im Grunde ist für Kinder Gottes das ganze Jahr Zeit für ein Auferstehungsfest und für die Erkenntnis des *"erwachten Lebens"*. Das erleben wir jedes mal wenn wir aufwachen und erkennen dürfen, daß wir im eigentlichen Sinne *""leben"* und Gottes Gnade jeden Morgen neu ist (Klagelieder 3,23).Viele sind am Kreuz gestorben aber nur einer kam von Gott und ist von den Toten auferstanden und hat den letzten Feind des Menschen besiegt (1. Korinther 15,26). Das Leben ist nicht zynisch und sinnlos für diejenigen, die durch den Glauben an die Auferstehung Jesu Christi Gottes geliebtes Eigentum geworden sind. Auch wenn wir es (wie Jesus) auf Erden nicht immer einfach haben. Wir sind durch den Glauben an die Vergebung unserer Sünden mit Christus gestorben und auferstanden. Die Ewigkeit verbringen wir im Himmel bei Gott. Das gibt unserem Leben einen genialen Sinn und ein herrliches Ziel. Wenn das kein echter Grund zur Freude und zum feiern ist!? Die Kraft der Auferstehung ist in der Gabe des Glaubens verwurzelt, und ruht in der Herrlichkeit und Souveränität des ewigen Gottes. Halleluja!

Gebete des Glaubens

"Gott, man lobt dich in der Stille zu Zion, und dir hält man Gelübde. Du erhörst Gebet; darum kommt alles Fleisch zu dir".

Psalm 65, 2-3

Wenn wir uns Christen nennen (dürfen), dann sollte dies auch unsere Erfahrung und Freude sein. Daß wir nämlich an einen lebendigen Gott glauben, der sich unserer annimmt und uns sieht und unsere Gebete hört und erhört. Wir beten nicht ins Blaue hinein, oder haben es mit einem toten Götzen zu tun, sondern mit dem HERRN aller Herren und König aller Könige (Offenbarung 19,16). Wir beten zum allmächtigen Gott, der keine Grenzen hat. In Jeremia 32,27 sagt Gott von sich selbst: *"Siehe, ich, der HERR, bin der Gott allen Fleisches, sollte mir etwas unmöglich sein?"*. Und diesen Glauben sollten wir auch unbedingt haben, daß Gott in der Tat jederzeit in der Lage ist Dinge zu verändern und zu bewirken. Sicherlich immer nach seinem vollkommenen Willen - und etwas besseres kann uns auch nicht geschehen. Doch ohne Glauben (man kann auch als Christ manchmal ungläubig sein) werden wir nicht durchdringen können. Entsprechend lesen wir in Hebräer 11,6: *"Aber ohne Glauben ist's unmöglich, Gott zu gefallen; denn wer zu Gott kommen will, der muss glauben, dass er ist und dass er denen, die ihn suchen, ihren Lohn gibt"*. **Gott reagiert nicht auf Leistungen oder Verdienst oder sture, zweckmäßige Hartnäckigkeit, sondern auf Glauben.** Man kann tatsächlich sich die Finger wund beten und keine Veränderungen wahrnehmen, weil man mit *"Glauben"* manchmal anderes verbindet als Gott. In der Bibel steht nicht daß beten hilft, sondern daß das Gebet des Glaubens hilft (Jakobus 5,15). In 2. Mose 4,31 steht: *"Und das Volk glaubte. Und als sie hörten, dass der HERR sich der Israeliten angenommen und ihr Elend angesehen habe, neigten sie sich und beteten an"*. Wir müssen (dürfen) daran glauben, daß Gott uns (mich persönlich) sieht, und daß unser Leben für ihn von Bedeutung ist, und wir uns niemals selbst überlassen sind. Gerhard Tersteegen (1697-1769) dichtete einst: *"Gott ist gegenwärtig. Lasset uns anbeten und in Ehrfurcht vor ihn treten. Gott ist in der Mitte. Alles in uns schweige und sich innigst vor ihm beuge. Wer ihn kennt, wer ihn nennt, schlag die Augen nieder; kommt, ergebt euch wieder"*.

Auch dies darf unsere Erfahrung sein, daß wir bei Gott zur Ruhe kommen dürfen und er das Ziel unseres Lebens ist in allen Dingen. Wir sollten das Gebet des Glaubens nicht vernachlässigen und es nicht als fromme Pflicht ansehen, sondern als Privileg. In einer Welt, die keiner bändigen kann, und die keine Antworten und Strategien parat hat für ein sinnvolles Leben ohne Zufälle und Hoffnung, haben wir als Christen nicht nur einen heilsamen Anker für unsere unsterbliche Seele, sondern einen allmächtigen Gott der uns sieht, kennt, liebt und leitet. Der Ratschluss des HERRN ist unsere Seligkeit (Sprüche 19,21). Wenn wir unsere Wege dem HERRN im Gebet anbefehlen, dann dürfen wir auch damit rechnen, daß ER es alles letztlich zu einem guten Ende führt (Psalm 37,5). Gott erhört unsere Gebete vermutlich nicht immer nach unseren Vorstellungen und

Erwartungen (und auch nicht immer dann, wenn wir es gerade wünschen) aber immer rechtzeitig und so, daß wir den HERRN auf eine neue, erstaunliche Art und Weise kennen- und loben lernen. Ich habe das so erleben dürfen. **Der Vater im Himmel arbeitet mit den Seinen und ist nicht der bloße Wünscheerfüller und Gebetserhörer, oder eine Art Flaschengeist, sondern seine Segnungen wirken immer vielfach auf unser Glaubensleben und unsere Persönlichkeit.** Und vermutlich ist es sicherlich auch so, daß die Zeit bei manchen nicht immer auch reif ist für unmittelbare Veränderungen. Gott prüft auch unseren Glauben, und ob uns so manches wirklich wichtig ist, und eine sofortige Gebetserhörung tatsächlich etwas nützt. Manches braucht Zeit und alles hat entsprechend auch seine Zeit (Prediger 3,1). In Jakobus 4,5 steht: *"Oder meint ihr, die Schrift sage umsonst: Mit Eifer wacht Gott über den Geist, den er in uns hat wohnen lassen..."*. Es ist ja allein der Heilige Geist, der uns in Gottes Gegenwart bringt. Wir stehen mit unseren Bitten gerecht vor dem Thron Gottes, weil Jesus Christus unsere Gerechtigkeit geworden ist - durch den Glauben (1. Korinther 1,30). Daher beten wir Gott im Geist und in der Wahrheit an (Johannes 4,24). Gott erhört Gebete, darum beten wir!

Küchenkräuter und Tretmühlen

"Weh euch, Schriftgelehrte und Pharisäer, ihr Heuchler, die ihr den Zehnten gebt von Minze, Dill und Kümmel und lasst das Wichtigste im Gesetz beiseite, nämlich das Recht, die Barmherzigkeit und den Glauben! Doch dies sollte man tun und jenes nicht lassen. Ihr verblendeten Führer, die ihr Mücken aussiebt, aber Kamele verschluckt!"

Matthäus 23, 23-24

Küchenkräuter wie Dill, Minze und Kümmel sind eher wertlos und wachsen meist in einer (Abfall)Ecke des Gartens. Das Kennzeichen von Heuchlern ist, daß sie in solchen Nebensächlichkeiten, Nichtigkeiten und Belanglosigkeiten besonders genau sind. Doch das Wichtigste, was eigentlich ihre Aufgabe ist, "ignorieren" sie, sie kümmern sich vor allem um "kleine Insekten", aber "die großen Kamele" verschlucken sie! Ein weiteres Kennzeichen von Heuchlern ist, daß sie immer wieder betonen, daß sie in der Vergangenheit alles besser gemacht hätten. Damit lenken sie von ihrer Blindheit in der Gegenwart ab (Matthäus 23,29). Das hören wir ja auch heute immer mal wieder, daß jemand sagt: "Früher war alles besser!" Im Grunde ist das ein Armutszeugnis und eine bequeme Ausrede für das eigene Versagen, auch wenn es hier sicherlich Ausnahmen gibt. ***Aber es gibt auch heute noch Menschen, die noch nicht einnmal gläubig sein müssen, und dennoch mit diesem pharisäischen Geist ausgerüstet sind.*** *Sie sind fanatisch konsequent und sehen alles, was ein Anderer falsch macht und merken nicht, daß sie selbst daneben liegen. Kleines Beispiel aus dem Alltag: Ich fahre morgens mit dem Fahrrad nach Hause. Es gibt einen Fahrradweg und einen für die Fußgänger. Ich sehe, daß mir jemand mit dem Rad entgegenkommt, und weiche daher auf die Seite der Fußgänger aus, damit wir aneinander vorbei fahren können und nicht kollidieren. Auf gleicher Höhe sagte mir der Mann in unfreundlichem Ton: "Sie fahren auf der falschen*

Seite!" Ein Pharisäer auf zwei Rädern! Er hatte einerseits recht, aber war zu beschränkt in seinem Denken, um zu erkennen, daß meine Konsequenz besser war als seine und wenn ich nicht ausgewichen wäre, er hätte auf die "falsche" Seite ausweichen müssen! Eine törichte Beharrlichkeit. Viele solcher Begebenheiten erlebt man im Alltag.

Viele leben in ihrem Denken sehr konsequent aber nicht selten ist diese Konsequenz der Kobold beschränkter Geister! Die Barmherzigkeit (von lat. misericordia) ist eine Eigenschaft des menschlichen Charakters. Eine barmherzige Person öffnet ihr Herz fremder Not. Wer also unbarmherzig ist, neigt stark zu Egoismus und einer "Friss-oder-stirb-Mentalität". Das kann sicherlich mitunter fatale Folgen haben. ***Was den Glauben betrifft, so kann man in den letzten Zeiten stark wahrnehmen, wie sehr auf Unterschiede in den einzelnen Denominationen gepocht wird, und wie wenig das Wichtigste betont und verkündet wird - die Vergebung der Sünden!*** *Sicherlich gibt es auch eine positive und richtige Konsequenz. Aber sie sollte nie ohne Gnade, Glaube, Gerechtigkeit und unter Berücksichtigung der jeweiligen "Geschichte" stattfinden. Unter einer Konsequenz versteht man einen Sachverhalt im Hinblick auf seine Entstehungsgeschichte. Diese "Geschichten" sollten wir wahrnehmen und uns erkundigen, bevor wir uns entscheiden etwas zu tun und zu sagen. Was die biblische Botschaft betrifft, so ist die Geschichte die dahinter steckt, der erschaffene und gefallene Mensch und Gottes Konsequenz ist die Basis von Gerechtigkeit, Gnade, Liebe und Erziehung. Die Pharisäer kümmerten sich kaum um Recht, Erbarmen und den Glauben (Matthäus 23,23) - sie waren selbstgerecht, egoistisch und kümmerten sich um nichts, außer sich selbst - darin waren sie sehr konsequent. Sie lebten in ihrer eigenen, engen Welt und waren für alles außerhalb davon blind und uneinsichtig. Wir müssen aufpassen, daß wir nicht auch in so eine "Tretmühle der Beschränktheit" gelangen und nur uns selbst treu sind, Küchenkräuter einsammeln, und dabei Kamele verschlucken.*

Eine geistliche Null

"Glückselig sind die geistlich Armen, denn ihrer ist das Reich der Himmel"!

Matthäus 5,3

Glückselig wer geistlich arm ist? Was hat das mit Glück zu tun? Wer freut sich denn darüber, daß ihm jemand sagt, er sei geistlich arm und sozusagen eine geistilche Null? Und daß er dann für seine Dummheit auch noch belohnt werden soll? Freue dich über deine Einfältigkeit? Ein Lob auf die Beschränktheit? Das wäre ja Sarkasmus pur! Nein, so kann es nicht gemeint sein. Zumindest nicht in der Weise wie wir das jetzt verstehen. Aber deuten wir das geistlich und im biblischen Sinne, sieht das schon anders aus. Vor Gott sind wir alle reichlich arm im Geist – auch wenn wir studiert haben, vielleicht auch promovierten, gesellschaftlich anerkannt, beliebt und erfolgreich und vermögend sind. Wie viele von denen, die in der Welt auf der Sonnenseite leben, sind geistlich aufgeweckte Christen? Wie viele von denen, die erfolgreich im Leben sind, sind von Gott tatsächlich gesegnet? Wer meint daß er von Gott gesegnet ist, weil er erfolgreich und das Leben sein

Freund ist, hat es nicht wirklich verstanden. Armut in diesem Sinne bedeutet: Ich kann mir das Leben von Gott nicht erarbeiten. Es muss mir geschenkt werden! Und das ist sehr befreiend, denn ich muss das Entscheidende im Leben und vor Gott nicht selbst leisten! Ein neues Herz wird nicht entwickelt, sondern geschenkt. **Es geht nicht darum, wie wir äußerlich und gesellschaftlich dastehen.** Damit können wir uns gegenseitig vielleicht beeinflussen und beeindrucken. Aber vor Gott zählt das alles nichts. Es ist ihm sogar ein großes Ärgernis. In der Version der Bergpredigt in Lukas 6, 24-26 steht eine eindringliche Warnung für diejenigen, die meinen alles zu haben und keinen Heiland zu brauchen: *„Aber wehe euch, ihr Reichen, denn ihr habt euren Trost schon empfangen! Wehe euch, die ihr satt seid; denn ihr werdet hungern! Wehe euch, die ihr jetzt lacht, denn ihr werdet trauern und weinen! Wehe euch, wenn alle Leute gut von euch reden! Denn ebenso haben es ihre Väter mit den falschen Propheten gemacht“.*

Wenn es einem äußerlich gut geht, ist das nicht automatisch mit dem Segen Gottes gleichzusetzen – selbst wenn solche falschen Mutmaßungen auch in manchen christlichen Gruppierungen behauptet werden - Stichwort: Wohlstandsevangelium - es ist eine verkehrte Annahme. Man kann auch religiös und kirchlich engagiert sein, und sich dennoch in seiner Selbstgefälligkeit vor Gott irrtümlicherweise als reich uns satt ansehen. Eine fromme Arroganz ist ein Widerspruch in sich selbst. **Wir finden unser Glück nicht in dieser Welt. Schon auch alleine deshalb, weil das Leben hier auf Erden für jeden dasselbe beschert: Es endet!** Unser Ziel ist der Himmel, weil dort unsere eigentliche ewige Heimat ist. Darum sollen wir auch vor allen anderen Dingen nach dem Reich Gottes und seiner Gerechtigkeit trachten (Matthäus 6,33). Der Charakter des Glaubens zeigt aber auf, das ein Christ sein Glück und seinen Segen nicht in erster Linie in irdischen Dingen sucht (schon gar nicht sein Seelenheil), sondern in der Beziehung zu Gott und dem geistlichen Leben als geistlich Neugeborener in der Nachfolge, in der Nächstenliebe, der Bruderliebe und manchmal sogar im Leid und in Anfechtungen. In Lukas 6,22 steht – speziell für die Jünger und damit auch jeden der heute ein Nachfolger Jesu ist: *„Glückselig seid ihr, wenn euch die Menschen hassen, und wenn sie euch ausschließen und schmähen und euren Namen als einen lasterhaften verwerfen um des Menschensohnes willen“.* Wir sind in der Frage nach der Seligkeit und dem Weg dahin tatsächlich eine geistliche Null! Und wenn wir das begreifen und verstehen und glauben, dann sind wir im Hinblick auf das Evangelium die Seliggepriesenen. Und auch die Jünger mussten verstehen lernen, daß sie nichts aus sich selbst tun konnten – weder heilen, noch predigen, noch nachfolgen, noch überwinden, noch glauben, noch Gott lieben. Alles kommt letztlich von Gott - seine Gnade ist seine Ehre! Amen.

Der Fluch des Gekünstelten

"Ihr verlangt ja einen Beweis dafür, dass Christus in mir redet, der euch gegenüber nicht schwach ist, sondern ist mächtig unter euch. Denn wenn er auch gekreuzigt wurde in Schwachheit, so lebt er doch aus Gottes Kraft. Und wenn wir auch schwach sind in ihm, so werden wir doch mit ihm leben aus der Kraft Gottes für euch. Erforscht euch selbst, ob ihr im Glauben steht; prüft euch selbst! Oder erkennt ihr an euch selbst nicht, dass Jesus

Christus in euch ist? Wenn nicht, dann wäret ihr ja nicht bewährt. Ich hoffe aber, ihr werdet erkennen, dass wir nicht unbewährt sind".

2. Korinther 13, 2-6

Eine besonders auffällige und unsägliche Last in unserer Gesellschaft ist die Unaufrichtigkeit und das Gekünstelte. Es ist oftmals nur ärgerlich und contraproduktiv. Viele Leute leben in der versteckten Angst, dass sie sich eines Tages verraten und ein Feind oder Freund einen Blick in ihre innere Armut wirft. Sie haben Angst davor, daß man sie so erkennen könnte, wie sie wirklich sind. Darum sind sie nie wirklich entspannt. Intelektuelle sind angespannt weil sie befürchten ihr Ruf und ihr Ansehen könnte darunter leiden wenn sie einmal etwas Dummes oder Belangloses sagen. Menschen die viel gereist sind, fürchten, einmal jemanden zu treffen, der noch mehr zu erzählen und zu berichten hat als man selbst. Der Gelehrte fürchtet den Menschen, der mehr weiß als er selbst. Und dies betrifft nicht nur Menschen die keine Christen sind. Prediger könnten Angst davor haben, daß ein anderer Bruder lebendiger, gehaltvoller und verständnisvoller die Gemeinde anspricht als man selbst? **Unser Herz wehrt sich dagegen zurückgesetzt zu werden oder sich so zu fühlen.** Dieser unnatürliche Zustand ist Teil unserer traurigen Erbschaft der Sünde, wird aber durch unsere schnelllebige Zeit noch verstärkt. Die ganze Werbung die uns ständig begegnet durch diverse Medien, basiert weitgehend auf der üblen Gewohnheit, etwas sein zu wollen was man ohne dieses Produkt wohl nicht ist. In große Mode ist es gekommen für jeden und alles *"Kurse"* anzubieten um diesen und jenen Mangel auszubügeln. Und dies alles um möglichst vor sich selbst und anderen zu scheinen. Bücher werden verkauft, Kleider und Kosmetik gehandelt, indem man unablässig an den Wunsch appeliert, etwas sein zu wollen, was man nicht ist. Es ist eine Spielart des Narzissmus. Aber vor Gott sind wir nackt, blind und arm (Offenbarung 3,17). Auch als Christen - wie viel mehr die Ungläubigen? Das Gekünstelte ist ein Fluch, der uns daran hindert wahrhaftig zu sein. Vor Gott und vor Menschen. Jesus bietet uns an uns Ruhe zu geben. Ruhe über uns selbst und der Angst etwas zu verpassen oder selbst verpasst und ignoriert zu werden. Kennen wir nicht die Angst, daß man verkannt wird? Daß Menschen einen so sehen könnten wie man sich selbst gar nicht sieht oder sehen will? Mühselig und beladen sind wir dann, wenn wir die Meinungen und Ansichten anderer Zeitgenossen über das stellen was Gott von uns denkt.

Ein erlöster Mensch ist in die Ruhe eingegangen, weil er Gott erlaubt, ihm seinen Wert durch die Gnade im gekreuzigten Sohn Gottes zu geben. Er geht seinen Weg sanftmütig und überlässt es nun Gott, ihn zu verteidigen. **Ein sanftmütiger Mensch hat keine Minderwertigkeitskomplexe. Ganz im Gegenteil, aber er hat aufgehört, sich selbst zu täuschen.** Sanftmut ist hier keine Schwäche, sondern eine kontrollierte Kraft, die sich nicht auf sich selbst verlässt, sondern auf Gott. So ein Mensch entwickelt gegen sich selbst einen gütigen Humor. Er weiß, daß er genauso schwach und hilflos ist, wie Gott es sagt. Aber er weiß gleichzeitig, dass er in Gottes Augen wichtiger ist als ein Engel und dass er alles vermag durch den, der ihn mächtig macht (Philipper 4,13). Die Methode Jesu uns Menschen zu begegnen ist die Sanftmut (Matthäus 11,29) und es ist genau die Eigenschaft die uns die Welt nicht vorlebt. Dort schlägt man zurück und lässt sich nichts gefallen. Man ist anmaßend, reizbar, theatralisch, arrogant und von sich selbst überzeugt. Und wer es nicht glaubt, dem wird es mit aller Macht vorgegaukelt. Es steckt in uns Menschen drin, sich vor jeder Zurücksetzung zu schützen, die schlechte Meinung von anderen Menschen abzuschirmen. Wir legen jedes Wort auf die Goldwaage, leiden unter jeder eingebildeten Kränkung und kommen so nie zur Ruhe in unseren Gedanken und unserem unruhigen Herzen. Nehmen wir uns nicht so wichtig. Selbstliebe macht viel Mühe und solange ich mich als kleiner Gott aufspiele, dem ich treu zu dienen habe, so lange gibt es auch diejenigen, die ihren Spaß daran haben, mein Idol zu kränken. Was ich im Gebet vor Gott ausgesprochen habe muß mich dann auch nicht mehr belasten wenn mich andere Menschen darauf aufmerksam machen. Sanftmütigkeit ist das Wesen Jesu und es ist für uns das Ergebnis davon wenn man vom Schein zum Sein kommt. Hochmut lohnt sich nicht. Jesu eigene Sanftmut ist die Ruhe für unsere Seele. Auf ihn dürfen wir schauen und dadurch Frieden bekommen, der über jeden Verstand geht.

Brennend im Geist

"Seid nicht träge in dem, was ihr tun sollt. Seid brennend im Geist. Dient dem Herrn. Seid fröhlich in Hoffnung, geduldig in Trübsal, beharrlich im Gebet. Nehmt euch der Nöte der Heiligen an. Übt Gastfreundschaft".

Galater 12, 11-13

Manchmal sind wir überaus fleißig in dem, was wir nicht tun sollten. Und was nötiger, besser und auch segensreicher wäre, lassen wir leider allzu oft schleifen. Es ist klar, daß man in seinem Alltag auch vielen Zwängen und Pflichten unterlegen ist. Aber das war schon immer so und auch für jeden, der auf der Erde gelebt hat und noch lebt. Manches muß man einfach tun. Doch müssen wir auch unterscheiden zwischen weltlichen und himmlischen, sowie zwischen geistlichen und fleischlichen Dingen. Die Aufforderung vom Apostel Paulus im Geist *"brennend"* zu sein, bedeutet sicherlich nicht, bis zur Erschöpfung zu arbeiten und seine Körperkraft stets bis zum Siedepunkt hinzugeben. Fleisch ist Fleisch und Geist ist Geist. Und die Bibel weist uns gezielt darauf hin, wie die zueinander stehen: *"Denn das Fleisch begehrt auf gegen den Geist und der Geist gegen das Fleisch; die sind gegeneinander, sodass ihr nicht tut, was ihr wollt"* (Galater 5,17). **Es besteht aber ein Zusammenhang zwischen dem, was wir als Christen *"im Fleisch"* tun und auch nicht tun sollen, und dem, was den Geist positiv brennend macht.** Bestes Beispiel ist das Gebet! Wir werden ganz klar zum beständigen Gebet in der Bibel aufgefordert. In Epheser 6,18 steht: *"Betet allezeit mit allem Bitten und Flehen im Geist und wacht dazu mit aller Beharrlichkeit und Flehen für alle Heiligen"*. So ein Gebet ist ein brennendes Beten wenn wir es so praktizieren und ernst nehmen. Es hat also etwas damit zu tun, wie wichtig es mir ist, daß Gott konkret handelt, spricht, führt, schützt, bewahrt, hilft und nach seinem Willen segnet. Man kann sicherlich auch ganz anders beten und fromm daherreden, ohne es wirklich so zu meinen, wie es sich vermeintlich anhört und auch anfühlt. In Matthäus 6,7 heißt es: *"Und wenn ihr betet, sollt ihr nicht viel plappern wie die Heiden; denn sie meinen, sie werden erhört, wenn sie viele Worte machen"*. Viele Worte müssen also nicht bedeuten, daß man im Geist brennt.

Da wird man eher heißer, und es brennt dann eher im Hals als woanders. Lieber ein kurzes und brennendes Gebet, als ein langes und träges ohne innere Beteiligung. Wie immer und bei allem, kommt es auch hier auf meine Einstellung an. Also darauf, wie ich die Welt und meine Mitmenschen um mich herum sehe und wahrnehme, und auch wie ich mich selbst sehe und verstehe. **Sehen wir uns vor Gott als geistliche Überflieger oder eher als Bedürftige mit kleinem Glauben?** Gott schenkt den Demütigen seine Aufmerksamkeit und Gnade. In Jesaja 57,15 schreibt der alttestamentliche Prophet: *"Denn so spricht der Hohe und Erhabene, der ewig wohnt, dessen Name heilig ist: Ich wohne in der Höhe und im Heiligtum und bei denen, die zerschlagenen und demütigen Geistes sind, auf dass ich erquicke den Geist der Gedemütigten und das Herz der Zerschlagenen"*. Ein erquickter Geist ist ein brennender Geist! Das hat auf den ganzen Menschen seinen Einfluß - auf unser Herz als das Zentrum unserer Persönlichkeit. Und in so einem gesegneten Zustand dienen wir auch dem HERRN! Dann sind wir, wie der Apostel Paulus in seinem Brief an die Gemeinde in Rom feststellt, fröhlich in Hoffnung und geduldig in Trübsal sowie beharrlich im Gebet! Aber wir tun das dann nicht nur für uns, sondern wir dienen auch anderen, weil uns der brennende Geist dazu drängt und motiviert. Was wir anderen Gläubigen tun, haben wir dann auch Gott getan - Matthäus 25,40: *"Und der König wird antworten und zu ihnen sagen: Wahrlich, ich sage euch: Was ihr getan habt einem von diesen meinen geringsten Brüdern, das habt ihr mir getan"*. Amen.

Wie man einen Affen fängt

'...so lasst uns jede Last ablegen und die Sünde, die uns so leicht umstrickt...".

Hebräer 12,1

Wenn du im Urwald einen Affen fangen willst, dann höhle eine Kokosnuss aus, und bohre ein Loch hinein, was gerade so groß ist, wie die Hand des Affen, so daß er seine Hand hineinstecken kann. Dann lege eine leckere Frucht hinein und befestige die Kokosnuss an einem Baum. Nun warte ab. Affen sind von Natur aus sehr neugierig (wie der Mensch) und es wird nicht lange dauern, bis einer kommt und seine Hand in die Öffnung der Kokosnuss stecken wird, um zu sehen was dort zu holen ist. Danach ist es für ihn praktisch nicht mehr möglich die Frucht loszulassen um aus der *"Kokosnussfalle"* zu entkommen. Er wird seine Faust nicht mehr lösen, und sich lieber wild gestikulierend, schreiend und aufgebracht fangen lassen, als seine vermeintliche Beute wieder loszulassen...! Mit der Sünde und der Verführung ist es nicht selten ebenso. Die Verlockungen des Lebens und die Hoffnung auf ein kleines Glück, eine Lust und Befriedigung oder die Erwartung einer *"fetten Beute"*, lassen uns unvorsichtig und negativ fokkussiert sein. **Und wenn wir nicht aufpassen, wird aus der Erfahrung einer schnelllebigen Befriedigung, auch schnell eine ungesunde Gebundenheit und Sucht.** Also etwas, was ich nicht mehr so leicht loslassen kann und auch will. Ich kann mir vorstellen, daß es nicht wenige aufrichtige Christen gibt, die hier ihre *"Leichen im Keller"* haben und darunter auch leiden - mitunter jahrelang. In der Bibel steht in 1. Petrus 5, 7-9: *"Alle eure Sorge werft auf ihn; denn er sorgt für euch. Seid nüchtern und wacht! Denn euer Widersacher, der Teufel, geht umher wie ein brüllender Löwe und sucht, wen er verschlingen kann; dem widersteht, fest im Glauben, in dem Wissen, dass sich die gleichen Leiden erfüllen an eurer Bruderschaft, die in der Welt ist"*.

Hier steht also, daß der Teufel unser Widersacher ist. Er kann uns unsere Erlösung nicht wegnehmen. Aber er kann unser Zeugnis, unsere Glaubenskraft, und unsere Lebensinhalte verzerren, vernebeln, beschmutzen und entwürdigen. Weiterhin lesen wir, daß es anderen auch so geht. Wir sind (wenn wir unter manchen Süchten und auch Sehnsüchten leiden) nicht alleine. Der Apostel Paulus hielt sich für den schlimmsten aller Christen - 1. Timotheus 1,15: *"Glaubwürdig ist das Wort und aller Annahme wert, dass Christus Jesus in die Welt gekommen ist, um Sünder zu retten, von denen ich der größte bin"*. Wir sind, wenn wir in Jesus Christus den gekreuzigten Heiland sehen, und ihn als stellvertretendes Opfer für unsere Sünden glaubend annehmen konnten, gerrettet und erlöst - immer! Das allein ist unsere Rechtfertigung - auch für die schlechten Taten und Entscheidungen, die wir als Christen treffen. **Die Gnade Gottes ist allgegenwärtig - auch in meinem Leben. Das bedeutet aber dennoch, daß wir eine seelische Verantwortung haben.** Die Heiligung (ohne die wir Gott nicht sehen werden laut Hebräer 12,14) beinhaltet die praktische Frage, wie ich mit der Vergebung meiner Sünden umgehe als Kind Gottes? Bin ich wie ein schlafmütziger Affe, der die Früchte seiner Sünden oder neugierigen Einfältigkeiten nicht loslassen will, oder höre ich schon von weitem das Brüllen des Löwen und reagiere besonnen und klug (bleibe auf meinem Baum um im Bild zu bleiben), und halte mich im Gebet an Gott, wenn die Verführungen kommen? Wenn die Verführung kommt, sollen wir widerstehen (kämpfen und beten), dann flieht der Teufel (Jakobus 4,7).

Freundlichkeit und Klugheit

"Gnade und Treue sollen dich nicht verlassen. Hänge meine Gebote an deinen Hals und schreibe sie auf die Tafel deines Herzens, so wirst du Freundlichkeit und Klugheit erlangen, die Gott und den Menschen gefallen. Verlass dich auf den HERRN von ganzem Herzen, und verlass dich nicht auf deinen Verstand, sondern gedenke an ihn in allen deinen Wegen, so wird er dich recht führen."

Sprüche 3, 3-6

Man kann sich ziemlich viele Dinge an den Hals hängen. Nicht alles ist von Vorteil und nützlich, und manches auch eher belastend und beklemmend. Wenn ich den Eingangstext in den Sprüchen lese, geht mir das Herz auf! Warum? Weil VOR der Aufforderung mir die Gebote Gottes in mein Herz zu schreiben und sie mir um den Hals zu hängen steht: *"Gnade und Treue sollen dich nicht verlassen"*! Gott verspricht mir also seine uneingeschränkte Unterstützung darin, mir sein Wort zu Herzen zu nehmen und mich damit immer wieder glaubend zu beschäftigen. Das ist großartig und wunderbar! Es geht also nicht darum, immer zu schauen etwas christliches als Christ zu tun, sondern zu glauben, daß Gott etwas unternimmt damit wir das tun, was uns zum Leben als Christ dient und gut tut - zur Ehre Gottes! So wie das lesen in der Bibel, das Gebet, die Fürbitte, unsere Freundlichkeit, die guten Taten und so weiter. **Wir können das äußerlich vielleicht auch alles aus uns selbst tun (zum Selbstzweck), aber dann eben nie mit dem Ziel und dem Zweck den Gott vorgesehen hat.** Gott liegt es sozusagen sehr am Herzen aus uns gesegnete, freundliche und kluge Christen zu machen - um seinetwillen. Dies geschieht dadurch, indem wir Gott im Glauben mit unserer Liebe, unserem Vertrauen von Herzen suchen. Das gefällt Gott (1. Mose 6,5)! Es ist das höchste Gebot - das Gebot der Liebe und ihre Früchte! Umgekehrt können wir sagen, daß ein unfreundlicher und dummer Christ, Gott nicht gerade zu Beifallsstürmen hinreissen kann. Das ist klar. In der Bibel lesen wir, daß der Mensch nicht vom Brot allein lebt, sondern von einem jeden Wort, das aus dem Munde Gottes geht (Matthäus 4,4). Kann es sein, daß manche Christen unterernährt sind? Gibt es tatsächlich gläubige Menschen, die keinen Wert darauf legen freundlich und klug zu werden? Kann sich ein Christ in der Hinsicht zum Hungerleider entwickeln?

Das wäre sehr kurzsichtig und öffnet dem Feind Tür und Tor für seine geschmacklosen Botschaften und negativen Beinflussungen (1. Petrus 5,8). Klugheit vor Gott hat nichts mit weltlicher Intelligenz zu tun - der Teufel ist sicherlich auch sehr intelligent und obendrein noch sehr gerissen und erfahren, aber vor Gott hat er sich ziemlich blöd und arrogant angestellt. Das Ergebnis seiner *"Klugheit"* war Chaos, blinder Hass, Ungerechtigkeit Sünde, Tod und Boshaftigkeit. Klug ist, wer nach Gott fragt und der weiß, daß die Wege des HERRN gut und richtig sind (Hosea 14,10). **Die Furcht des HERRN ist der Anfang der Weisheit. Und wer Gott diesen Respekt entgegenbringt, der ist klug (Psalm 111,10).** Ohne die Gnade und Treue Gottes würden wir als Christen keinen Fuß auf den Boden bekommen und könnten Jesus nicht nachfolgen. Der Teufel würde es verhindern durch seinen ansteckenden Hass und seine Bosheit und seine dämonische Macht. Darum geht uns Gottes Gnade und Treue immer voran. Und darum können wir ohne Jesus auch nichts tun (Johannes 15,5). Gott wünscht sich von uns dahingehend etwas Eigenverantwortung, daß wir diese Tatsachen glauben und ernstnehmen. Wo es uns an Einsicht und Weisheit mangelt (wem nicht?) der darf sich gerne an Gott halten und ihn um Unterstützung bitten (Jakobus 1,5). Gott gibt gerne. Wer als Christ freundlich und klug ist, der strahlt von innen heraus und wird gesehen und gehört. Dem hört man gerne zu, und der ist beliebt. Dem kann man nicht widersprechen (Lukas 21,15). Das ist dann gewiss zur Ehre Gottes, oder? Auch das gefällt unserem HERRN und Erlöser.

Tatsächlich Liebe?

„Wer nicht liebt, der hat Gott nicht erkannt; denn Gott ist Liebe“

1. Johannes 4,8

Liebe, die untätig ist und nur in sich selbst ruht, würde den Sinn ihrer Existenz verlieren. Sie wäre nur ein Gefäß ohne Inhalt. Darum lesen wir in unserem Text eben folgerichtig, was diesen Inhalt sozusagen am Leben erhält und der Liebe eben nicht nur einen Namen, sondern auch einen praktischen Bezug gibt. Gott ist darum die Liebe, weil er nicht nur das Richtige macht, sondern weil er es mit Liebe macht. Gott ist nicht pragmatisch, sondern in ihm ist die Fülle und die Macht und der Wille uns das Beste zu geben. Bewiesen hat Gott das durch seine Menschwerdung und daß er durch den geliebten Sohn unsere Sündenschuld ans Kreuz getragen hat. In Johannes 15,13 steht: *„Keiner hat mehr Liebe als daß er sein Leben für seine Freunde lässt“*. Mehr Praxis geht nicht – Liebe ist stark wie der Tod und überwindet ihn sogar. Gott kommt es nun tatsächlich auf unsere Einstellung an (nämlich warum wir etwas tun oder nicht) und nicht auf formelle Handlungen. **Christ zu sein ist kein Job, sondern eine Lebenseinstellung.** Sogar ein Glaube der Berge versetzen könnte, wäre sinn- und zwecklos ohne diese ausschlaggebende Einstellung der Liebe. Wie kann man das nun genauer verstehen? Ist es denn nicht der Glaube den Gott fordert? Heißt es nicht in Hebräer 11,6, daß wir Gott ohne Glauben nicht gefallen können? Ja, stimmt, aber Glaube ist eben mehr als nur ein zweckmäßiges Fürwahrhalten. Mehr als etwas nur zu akzeptieren. Es ist Ausdruck einer von Liebe und Wahrheit getragenen ewigen Beziehung. Durch die Liebe wird der Glaube erst zum Glauben. Glauben bedeutet soviel wie liebevolles Vertrauen. Nicht weniger. Glaube ohne Liebe wäre dann tatsächlich wie ein tönendes Erz und eine klingende Schelle (1. Korinther 13,1).

Mit diesem Bild sind vermutlich Schlag- oder Lärminstrumente gemeint, auf denen man keine Melodie spielen kann. Im übertragenen Sinne wird diese Formulierung dafür verwendet, wenn einer zwar schön formulierte oder großspurige Reden führt, aber im Grunde nichts zu sagen hat. Da ist nur unharmonischer Krach, der einem irgendwann ziemlich auf die Nerven geht und alles andere als Liebe zur Folge hat. Eher unliebsame Folgen! Alle Geheimnisse zu wissen (wie es in 1. Korinther 13,2 heißt), wäre schon eine spannende Sache. Wer würde nicht gerne den totalen Durchblick haben und alles erkennen, was verborgen ist? Gott weiß alles, aber das allein macht ihn nicht zu dem, der ER ist und auch sein will. **Allmächtig zu sein, aber keine Liebe zu haben, wäre fatal und eine kaum zu beschreibende, unerträgliche Last und die pure Verzweiflung – absolute Hoffnungslosigkeit.** Der Teufel hat Macht ohne Liebe! Ein allmächtiger, allwissender und allgegenwärtiger Gott ohne Liebe, wäre ein durch und durch zynischer, egoistischer und grausamer Tyrann. Nicht auszudenken, wie es uns dann als Menschen gehen würde. Es ist klar, was gemeint ist in Bezug auf Liebe. Alle Macht (und sei sie noch so groß) wäre ohne Liebe nutzlos und bedeutungslos. Sie würde uns schaden und nicht helfen. Aber Liebe will genau das Gegenteil. Liebe bedeutet: Das höchste Wohlsein des anderen aktiv wollen - und auch tun! Liebe braucht also ein Gegenüber um sich definieren zu können. Liebe, die nur ins kalte Weltall gepustet wird, und sich in irgendwelchen schwarzen Löchern und der Unendlichkeit verirrt, und letztlich sich auflöst, ist so sinnvoll und erbaulich, wie großer Reichtum, ohne Aussicht sich je etwas kaufen zu können. Liebe will sich verschenken. Und wenn nun ein allmächtiger Gott, der die Liebe ist, uns begegnet, was dürfen wir erwarten? Wie sollten wir darauf reagieren? Das solltet ihr euch selbst beantworten.

Was motiviert mich?

"Erforscht euch selbst, ob ihr im Glauben steht; prüft euch selbst! Oder erkennt ihr an euch selbst nicht, dass Jesus Christus in euch ist? Wenn nicht, dann wäret ihr ja nicht bewährt".

2. Korinther 13,5

Ich bin als Mensch ein kompliziertes Wesen mit einem tiefgründigen und kaum erforschbaren Herzen. Oft bin ich mir selbst ein Rätsel und weiß mitunter auch gar nicht so recht, was mich tatsächlich motiviert und was nicht. Es wird aber deutlich, daß in mir das stete Verlangen steckt, mich vor allem um eines immer besonders zu kümmern: Um mich! **Der Egoismus meines Lebens ist auch die Ursache für mein Klagen, Nörgeln und Beschweren.** Aber ich habe vor Gott immer Unrecht und verhalte mich ihm gegenüber respektlos, wenn ich mein ganzes Leben nicht wirklich auf IHN ausrichte und mir oftmals lieber Götzen suche (bewusst oder unbewusst) um meinen eingebildeten Mangel (meine Selbstsucht) zu befriedigen. Meine Probleme liegen in meinem Herzen – das Zentrum meiner Persönlichkeit. Je mehr ich mich nun darum bemühe Jesus in mein ganzes Herz zu lassen und ihn bitte, mich zu erforschen und zu leiten, desto mehr glaube ich auch an ihn im eigentlichen Sinne. Es geht immer um Entscheidungen, die ihren Grund in meinem Herzen haben. Darum muss ich mich und meine Motivationen mit Gottes Hilfe und seinem Heiligen Geist in mir prüfen. Zum Beispiel auch darin, wie ich mit Menschen umgehe und sie sehe, die mir so gar nicht in den Kram passen und mich verärgern. Da kommen mitunter sogar Hassgefühle auf. Die Frage für mich wäre auch, was Hass in seiner Essenz eigentlich ist? Genau so wie wir Liebe analysieren und erkennen können und müssen, sollte das auch mit dem Hass machbar sein. Wann hasse ich und wann liebe ich? Gibt es nichts dazwischen? Möglicherweise schon. Im Prinzip ist mir das deutlich vor meinem inneren Auge, daß ein genereller Hass auf einen Menschen, und die entsprechende dauerhafte Unversöhnlichkeit, eine klare Kriegserklärung gegen Gott sind. Umso größer und gewaltiger wird einem dann aber auch die Dimension der vergebenden Gnade Gottes deutlich. Wer hätte mehr Grund Menschen zu hassen? Wie geht Gott mit dir und mir um? Schwierig ist es wohl, wenn man seine Götzen und Süchte kennt und auch weiß, daß dies letztlich ein Glaubensdefizit darstellt, weil man Gott nicht wirklich zutraut, daß ER einem hilft und gibt, was man als Mensch braucht und sich wünscht, und dennoch immer wieder scheitert und man das Gefühl hat, einfach zu schwach und zu undiszipliniert zu sein.

Und solange sich das nicht ändern lässt, hat man eben den starken Eindruck, dann eben doch mit seinem Problem alleine zu sein. Man denkt sich, daß Gott auch beständige Eigeninitiative erwartet, und eben nicht mit einem Fingerschnipsen die Probleme und Süchte verschwinden lässt. Man betet um Vergebung, aber eben auch in dem Wissen, daß man Gott nicht versprechen kann, nicht doch wieder schwach zu werden. Das belastet einen mitunter, auch wenn man weiß, daß Gott einen liebt, obwohl er mich kennt und jeder Tag der kommen sollte, Gott schon zuvor bekannt war. Im Versagen steckt trotz allem auch immer wieder Trost, weil man das weiß und Gott nie überraschen kann (positiv wie negativ). **Als Motivation kann ich für mich mitnehmen, daß Gott mich ganz will, nicht nur meine Frömmigkeit, sondern mein ganzer Mensch.** Zudem auch, daß die Zukunft mir keine Angst machen kann – weder in der Welt, noch bei mir persönlich. Ich kann mitnehmen, daß alles was ich tue und auch nicht tue, auch immer einen Grund hat – selbst wenn mir das nicht immer klar ist. Tröstlich ist für mich auch der Gedanke, daß ich mich nicht selbst *„zu Tode"* analysieren muss und auch gar nicht kann, sondern es viel wichtiger ist, Gott als Person zu vertrauen und an ihn von ganzem Herzen zu glauben und zu vertrauen – auch ohne immer den Durchblick zu haben. Gottes Uhren laufen anders und gegenüber ihm und seinen Absichten mit mir, klafft wohl immer eine große Kluft an Verständnis und Einsicht. Das ist aber auch nicht dramatisch, da Gott eben Gott ist und ich mich ihm gegenüber nicht emanzipieren muss und auch nicht will. Wertvoll ist hier der Bezug zum Volk Israel und deren zu hinterfragenden Motivationen, die man auch auf das eigene Leben gut übertragen kann. Wie sehr waren doch die Motivationen des Volkes Gottes über all die Jahrhunderte großen Schwankungen ausgesetzt. Und wie sehr hat sich Gott immer wieder ihrer erbarmt - auch wenn Konsequenzen sich nicht verhindern ließen. Es hat geholfen und wird ebenso in Zukunft helfen - auch bei dir und mir.

Hiobs standhaftes Ausharren

„Als aber die drei Freunde Hiobs von all diesem Unglück hörten, das über ihn gekommen war, kamen sie, jeder von seinem Ort, nämlich Eliphas, der Temaniter, und Bildad, der Schuchiter, und Zophar, der Naamatiter; diese verabredeten sich, miteinander hinzugehen, um ihm ihr Beileid zu bezeugen und ihn zu trösten. Und als sie von ferne ihre Augen erhoben, erkannten sie ihn nicht mehr. Da erhoben sie ihre Stimme und weinten; und jeder zerriß sein Gewand, und sie warfen Staub über ihre Häupter zum Himmel. Dann setzten sie sich zu ihm auf den Erdboden sieben Tage und sieben Nächte lang, und keiner redete ein Wort mit ihm; denn sie sahen, daß sein Schmerz sehr groß war. Danach tat Hiob seinen Mund auf und verfluchte den Tag seiner Geburt"!

Hiob 2,11-3,1

Das Buch Hiob ist vermutlich das älteste Buch der Bibel und der Autor wahrscheinlich Hiob selbst. Er war eine historische Person, da in seinem Bericht Ortsnamen und Personennamen auftauchen. Ist das so, hat diese Person auch gelebt. Er muss nach der Sintflut und vor der Gesetzgebung und der Zeit der Patriarchen gelebt haben. Warum müssen Gerechte (wie Hiob) leiden? Das ist die Frage! Im Buch Hiob wird Gott stets *„El Shaddai"* genannt – das heißt übersetzt: *„Der Allmächtige"*. Das musste Hiob und auch seinen Freunden klar werden. Sie mussten lernen Gott zu fürchten, ihn stehen zu lassen – einfach aus dem Grund weil Gott eben Gott ist! Das ist eine grundlegende Wahrheit die uns gerade auch in diesem Buch umfassend und eindringlich offenbart wird. Gott ist uns im Grunde keine Rechenschaft schuldig. **Wo wir Gott nicht Gott sein lassen, bleiben wir im Dunkeln und kommen nicht ans Licht.** Alles muss sich Gott unterordnen, alles muss Gott ehren. Das Buch Hiob müssen wir vom Ende her verstehen – ebenso wie wir auch unser Leben vom Ende her sehen müssen. Wir können das logischerweise nicht, aber Gott kann es! Darum glauben und vertrauen wir, darum wurden wir erwählt, darum leiden wir auch. Hiob wird im Neuen Testament nur einmal erwähnt – in Jakobus 5,11: *„Siehe, wir preisen die glückselig, welche standhaft ausharren! Von Hiobs standhaftem Ausharren habt ihr gehört, und ihr habt das Ende gesehen, das der Herr [für ihn] bereitet hat; denn der Herr ist voll Mitleid und Erbarmen"*. Wir müssen das Ende sehen – im Prinzip gilt das für alles: Also auch die ganze Schöpfung, die Erschaffung des Menschen, den Staat Israel, die Gesetze, die Menschwerdung Jesu, unser eigenes Leben und auch unsere Leiden und Erfahrungen, unsere Heiligung und unsere Erwählung. Wenn wir das Ende sehen, verstehen wir alles. Wir müssen rückwärts denken und vorwärts glauben.

Das Endergebnis wird Gott in allem Recht geben und ihn ehren – so wie bei Hiob und so wird es auch bei dir und mir sein. In 1. Johannes 3,2 steht: *„Geliebte, wir sind jetzt Kinder Gottes, und noch ist nicht offenbar geworden, was wir sein werden; wir wissen aber, daß wir ihm gleichgestaltet sein werden, wenn er offenbar werden wird; denn wir werden ihn sehen, wie er ist"*. **Was sein wird, und was wir sein werden, wissen wir noch nicht, aber es wird offenbart – das liegt für uns noch in der Zukunft** Bei Hiob hat Gott das auch gesehen – nur der Teufel nicht. Vielleicht fragen wir uns, wie Hiob das alles ertragen konnte und doch den Glauben an Gott nicht aufgegeben hat? Er hatte ganz sicher auch so einige Widersprüche in seinem Herzen und hat sich entsprechend auch vor Gott und seinen Freunden Luft verschafft und wortreich seinem Kummer Ausdruck verliehen. Wer könnte das nicht verstehen und nachvollziehen? Gott hat ihm das zuerst nicht untersagt. Gott hat ihn gehalten – wie anders hätte er sonst standhalten können? Nicht nur wegen dem Verlust seiner Familie, seiner Tiere und seines ganzen Besitzes, sondern auch wegen seiner Freunde die ihm zusetzten und seiner Frau, die ihn irgendwann dann auch nicht mehr verstand. Auch sie hat natürlich gelitten. Gott hat Hiob beschützt und seinen Glauben bewahrt – zudem ja auch der Teufel genau das erhoffte, daß Hiob seinem Gott den Rücken zukehrt. Das ist nicht passiert. Der Teufel kennt die Menschen gut, aber er kann nicht in ihr Herz sehen. Er wollte die Gottesfurcht Hiobs beenden und dachte dies gelingt durch äußeres und auch körperliches Leid. Er hat sich geirrt!

Antichristliche Tendenzen

"Und als er auf dem Ölberg saß, traten seine Jünger zu ihm und sprachen, als sie allein waren: Sage uns, wann wird das geschehen? Und was wird das Zeichen sein für dein Kommen und für das Ende der Welt? Jesus aber antwortete und sprach zu ihnen: Seht zu, dass euch nicht jemand verführe. Denn es werden viele kommen unter meinem Namen und sagen: Ich bin der Christus, und sie werden viele verführen. Ihr werdet hören

von Kriegen und Kriegsgeschrei; seht zu und erschreckt nicht. Denn das muss so geschehen; aber es ist noch nicht das Ende da. Denn es wird sich ein Volk gegen das andere erheben und ein Königreich gegen das andere; und es werden Hungersnöte sein und Erdbeben hier und dort."

Matthäus 24, 3-7

Gottes Wort ist sehr präzise in seinen Voraussagen. Der Inhalt der Bibel zum Thema *"Ende der Welt"* bestätigt sich gerade in der heutigen Zeit in vielen Bereichen. Besonders was die Zeit vor der unmittelbaren Wiederkunft Jesu Christi betrifft. Zu allen vorausgesagten Ereignissen in der Heiligen Schrift gibt es stets eine Vorgeschichte, sozusagen eine Vorschattung des eigentlichen Ereignisses. Die Sprache der Symbolik im Alten und Neuen Testament ist stark im Wort Gottes ausgeprägt und sie verbirgt viele Geheimnisse und prophetische Kraft (Markus 4,2). Dies zählt vor allem für die Menschwerdung Gottes und den Leidensweg Jesu bis hin zur Kreuzigung und Auferstehung von den Toten (z.B. Jesaja 9, 5-6). Aber auch die Aufrüstung des Feindes und die Mittel seiner Verführungen werden in der Bibel offengelegt. Dort ist die Rede vom sogenannten Antichrist, und daß vor ihm noch so einige andere dieser okkulten Selbstdarsteller auftreten, und für Unruhe sorgen werden (1. Johannes 2,18). **Diese Leute zeichnet vor allem eines aus: Sie leugnen den Erlöser!** Sie stellen es überhaupt in Frage, daß der Mensch Erlösung braucht! Und selbst wenn, dieser Jesus ist es nicht und er kann es nicht (1. Johannes 2,22)! Diese Lüge ist das Markenzeichen der Antichristen und des kommenden Weltenherrschers! Dieser Mensch wird sich selbst zum Erretter proklamieren und sich anbeten lassen. Es geht also gar nicht so sehr um reinen Atheismus, also der Leugnung einer höheren Macht, sondern darum, wer diese Position einnimmt und an dessen Stelle tritt! Für wiedergeborene Christen ist das keine Frage, aber für alle Gottesleugner, alle oberflächlich Religiösen, alle Heuchler und Anhänger einer Vermischung religiöser Kräfte und der Selbsterlösung werden sich verführen lassen. Quasi jeder, der mit Jesus als Heiland und einzigen Erlöser, nichts anfangen kann und will.

Sie werden sogar so weit gehen, daß sie denken, sie tun Gott einen Gefallen wenn sie Menschen die allein an Jesus Christus glauben, verfolgen und töten (Johannes 16, 2-3). Die Aktualität unserer Zeit bestätigt diese traurige Tatsache. Wer nun den Sohn Gottes hasst, verachtet und ablehnt, der hasst auch Gott, den Allmächtigen und den Vater im Himmel (Lukas 10,16). Für alle Zeiten gilt: Kein Gott ohne Jesus! Gott spricht dem Teufel nicht seine Klugheit ab, sonst würden die Christen, in der Zeit der Verfolgung, nicht aufgefordert werden *"klug wie die Schlangen"* zu sein (Matthäus 10,16). Allerdings, im Gegensatz zum Teufel, auch gleichzeitig *"ohne Falsch"*. Wir sollen und können demnach den Teufel und seine Anhänger mit ihren eigenen Waffen schlagen. **Klugheit vor Gott bedeutet, daß wir ganz in dem Bewusstsein und festen Glauben ausharren, allein durch Gnade und Gottes Segen zu bestehen.** Dieses Bollwerk der Gnade stellt die Grenze für den *"Ankläger der Brüder"* dar (Offenbarung 12,10). Die Schlange, die Eva im

Paradies verführte, stellte sich unwissend und dumm in Bezug auf die klaren und eindeutigen Anweisungen Gottes was den *"Baum des Lebens"* betraf (1. Mose 3, 1-13). Und auch wir können und sollen uns nun kindlich-naiv und unwissend verhalten, wenn es um das Böse geht, das sich gegen die Wahrheit stellt (1. Korinther 14,20). Wo es aber um feste biblische Grundlagen geht, sollen wir eifrig und klug sein, um uns selbst zu schützen und uns nicht von jeder billigen, antichristlichen Offensive aus der Bahn werfen lassen (Epheser 4,14). Wir sollen stark am inwendigen Menschen werden - durch Gottes Geist und den Reichtum seiner Herrlichkeit (Epheser 3,16).

Mit Toleranz zur Seligkeit?

"Denn weil die Welt, umgeben von der Weisheit Gottes, Gott durch ihre Weisheit nicht erkannte, gefiel es Gott wohl, durch die Torheit der Predigt selig zu machen, die daran glauben".

1. Korinther 1,21

Wer offensiv mit seinem Glauben an das biblische Evangelium umgeht, wird normalerweise nicht lange warten müssen, bis entsprechend angreifende und verurteilende Reaktionen erfolgen. Der Glaube an Gott und die Bibel ist mittlerweile fast nicht mehr gesellschaftsfähig zu nennen. Die Kirchen passen sich auch mehr und mehr der toleranten und "aufgekärten" Gesellschaft an, und verkündigen entweder gar kein Evangelium mehr, oder höhlen es so aus, damit keiner sich auf den Schlips getreten fühlen muss. Aber hat das noch etwas damit zu tun, was die Bibel über Gottes Wort sagt? ***Wird Gott diesem angepassten religiösen Gerede von vermeintlich gläubigen Menschen nur zuschauen?*** *Verlassen wir uns darauf, daß Gott hier nicht tatenlos zusehen wird. In Jeremia 23, 29-32 steht über die damaligen Irrlehrer in Israel geschrieben: "Ist mein Wort nicht wie ein Feuer, spricht Jahwe, und wie ein Hammer, der Felsen zerschlägt? Darum passt auf, spricht Jahwe, jetzt gehe ich gegen die Propheten vor, die sich gegenseitig die Worte stehlen. Passt auf, jetzt gehe ich gegen die Propheten vor, spricht Jahwe, die ihr eigenes Gerede Botschaft nennen. Passt auf, jetzt gehe ich gegen die vor, die erlogene Träume erzählen, spricht Jahwe, und mein Volk mit ihren Lügen und ihrem Geflunker in die Irre führen. Ich habe sie weder gesandt noch ihnen irgendetwas befohlen. Sie nützen diesem Volk überhaupt nichts, spricht Jahwe". Und dies kann man auch auf die heutige Zeit übertragen, denn es verhält sich wieder so. Die frömmelnden Leute erdichten sich ihre eigenen Wahrheiten, nach denen ihnen die Ohren jucken (2. Timotheus 4,3). Und sie nennen dies dann "den Willen Gottes" oder legen die Bibel so aus, daß ihre Worte weder etwas durchtrennen (weil es stumpfe Worte sind) und niemanden beurteilen und ins Gewissen reden. Aber ist das im Sinne der Bibel?*

In Hebräer 4, 1-13 steht es anders: "Das Wort Gottes ist lebendig und wirksam. Es ist schärfer als das schärfste zweischneidige Schwert, das die Gelenke durchtrennt und das Knochenmark freilegt. Es dringt bis in unser Innerstes ein und trennt das Seelische vom Geistlichen. Es richtet und beurteilt die geheimen Wünsche und Gedanken unseres Herzens. Vor Gott ist ja nichts verborgen. Alles liegt nackt und bloß vor den Augen dessen da, vor dem wir Rechenschaft ablegen müssen". ***Der Glaube kommt aus der Predigt (Römer 10,17). Aber wenn die Predigt fade, stumpf und verwässert ist, was soll dann für ein Glaube daraus entstehen?*** *Zumindest wohl kaum ein rettender Glaube, worauf es ja letztlich ankommt. Wer nicht den gekreuzigten Heiland Jesus Christus verkündigt (1. Korinther 2,2) und in den Mittelpunkt aller christlichen Verkündigung stellt, der versündigt sich am Wort Gottes und widerspricht dem Willen Gottes im biblischen Evangelium (Johannes 3,16). Wer bei seinem Dienst und der Verkündigung dieser heilsnotwendigen Tatsache nicht auch Widerspruch erhält, ist vielleicht schon zu sehr angepasst und auf den Toleranzzug aufgesprungen. Halten wir uns an das ewige und inspirierte Wort Gottes und machen keine faulen Kompromisse. Gott weiß wer diejenigen sind, die seinem Wort gehorchen und an Jesus Christus von Herzen glauben (Johannes 6,44). Wir müssen niemanden überreden oder mit weltlich angepassten frommen Phrasen, die Gnade Gottes im Evangelium billig verhökern. Gottes Wort (nicht meine entschärften Interpretationen) wird das ausrichten, wozu Gott es senden wird - Jesaja 55, 10-11: "Und wie Regen oder Schnee vom Himmel fällt und nicht dorthin zurückkehrt, ohne dass er die Erde tränkt, sie fruchtbar macht, dass alles sprießt, dass Brot zum Essen da ist und Saatgut für die nächste Saat, so ist es auch mit meinem Wort: Es kehrt nicht leer zu mir zurück, sondern bewirkt, was ich will, und führt aus, was ich ihm aufgetragen habe". Amen.*

Unglück, Aberglaube, Irrlehren

"Das ist das Unglück bei allem, was unter der Sonne geschieht, dass es dem einen geht wie dem andern. Und dazu ist das Herz der Menschen voll Bosheit, und Torheit ist in ihrem Herzen, solange sie leben; danach müssen sie sterben".

Wir Menschen haben eine stete Sehnsucht nach Sicherheit und Bedeutung. Das resultiert auch daraus, daß wir mit zunehmender Dauer unseres Lebens feststellen, daß wir eigentlich kaum etwas wirklich im Griff haben, aber trotzdem jemand sein wollen und geliebt werden möchten. Wo Menschen keine persönliche Beziehung zu Jesus Christus haben, öffnen sie sich dann (um sich bedeutend zu fühlen) dubiosen Lehren, Aberglauben, Religionen, Esoterik, Selbstfindungsprozessen, Ideologien, Gewalt und auch okkulten Dingen. Kaum waren die Möglichkeiten und die Auswahl nach derlei Dingen (um sich besonders, stark und sicher zu fühlen) so groß und auch verführerisch, wie in unseren heutigen Zeiten. Viele suchen sich also ihren Lebenssinn- und inhalt überall dort, wo er definitiv nicht zu finden ist, nämlich in der Welt. Hilfe und Stärke in übernatürlichen Dingen, die außerhalb des biblischen Gottes gesucht und (scheinbar) gefunden werden, sind nichts anderes als Aberglaube, Verführung und eine moderne Form der Abgötterei. Manche halten auch Freitag den 13ten für einen Unglückstag, oder meinen, wenn ihnen morgends eine schwarze Katze über den Weg läuft, ist der Tag schon gelaufen. Das Schlimme und weniger Komische daran ist nun, daß es tatsächlich Menschen gibt, die dies ernst nehmen und regelrecht nach Unglücken und Problemen Ausschau halten, um die Pestilenz sozusagen inflagranti zu erwischen. Sie rennen ihrer eigenen Ohrfeige hinterher. Und dann geschieht ihnen manchmal auch nach *"ihrem Glauben"* . Mehr und mehr wird der Glaube an ein kaltes, unbarmherziges Schicksal propagiert und mathematische Besonderheiten zum Mysterium gemacht. Ehrliche Arbeit, Glaube und Gottes Führung und Bewahrung spielen in der Gesellschaft kaum noch eine Rolle.

Es gibt leider auch religiösen Aberglauben, der zum Beispiel an manchen Tagen bestimmte Handlungen verbietet oder ablehnt. So wie das Heilen am Sabbat (Markus 3,2-5) oder daß man Freitags nur Fisch essen soll. Desweiteren daß manche Sakramente heilsnotwendig wären oder gar nur eine Mitgliedschaft in einer bestimmten Kirche oder Gemeinde in den Himmel führt. Nicht nur im Mittelalter herrschte viel Unwissenheit und Aberglaube und die Ansicht, daß nur besonders qualifizierte Menschen in der Lage wären die Bibel zu lesen, zu verstehen und auszulegen. Leute, die von der Materie keine Ahnung haben können, wären Irrlehrer und Scharlatane so wie Schafhirten (David), Ärzte (Lukas), Fischer (Petrus), Steuereinnehmer (Zachäus) und vor allem Kinder... Heute geben Astrologen, Politiker, Päpste, Gurus, falsche Propheten und religiöse Fanatiker die Richtung vor. Und je mehr Chaos und Unglücke in der Welt auftreten und geschehen, desto mehr herrscht Bewegung auf dem Markt des Aberglaubens. Der Teufel macht sich genau diese Angst und Abhängigkeit zunutze, um Menschen noch mehr vom Glauben an die Gnade, Liebe und Souveränität Gottes abzuhalten (1. Petrus 5,8). Es wird noch viele Unglücke geben und die Verführungen werden nicht weniger, die Zeiten nicht besser. Aber für uns Christen ist das kein Grund Gott nun weniger zu vertrauen - ganz im Gegenteil! Wir sollen sicherlich nicht gleichgültig werden im Hinblick auf die Geschehnisse in der Welt, aber wir dürfen unsere Geborgenheit und Sicherheit in Christus auch zu mehr innerer Gelassenheit nutzen. Und sicherlich zum Gebet und der Fürbitte. Der Friede Gottes ist höher als jede Vernunft (Philipper 4,7). Und auch wenn wir selbst leiden, können wir dadurch ein Zeugnis sein wenn wir ruhig bleiben und unsere Hoffnung allein auf Gott setzen (1. Timotheus 1,8). Dann geschieht auch uns nach unserem Glauben (Matthäus 15,20) - zum Lob Gottes!

ENDE

Printed by Books on Demand GmbH, Norderstedt / Germany